Guido Adler

Wollen und Wirken
Aus dem Leben eines Musikhistorikers

SE$\bigvee$ERUS

Adler, Guido: Wollen und Wirken. Aus dem Leben eines Musikhistorikers
Hamburg, SEVERUS Verlag 2012
Nachdruck der Originalausgabe von 1923

ISBN: 978-3-86347-270-2
Druck: SEVERUS Verlag, Hamburg, 2012

Der SEVERUS Verlag ist ein Imprint der Diplomica Verlag GmbH.

Bibliografische Information der Deutschen Nationalbibliothek:
Die Deutsche Nationalbibliothek verzeichnet diese Publikation in der Deutschen Nationalbibliografie; detaillierte bibliografische Daten sind im Internet über http://dnb.d-nb.de abrufbar.

© **SEVERUS Verlag**
http://www.severus-verlag.de, Hamburg 2012
Printed in Germany
Alle Rechte vorbehalten.
Der SEVERUS Verlag übernimmt keine juristische Verantwortung oder irgendeine Haftung für evtl. fehlerhafte Angaben und deren Folgen.

SEVERUS

GUIDO ADLER

Wollen und Wirken

Aus dem Leben eines Musikhistorikers

Inhaltsverzeichnis

Seite

Einbegleitung VII

I. „Meine Religion." Jugend, Familie und Freunde. Konservatorium. Jus. Krisen. Liszt und Wagner. Bayreuth. „Wahnfried" 1876 und 1882. Bruckner 1

II. Musikhistorische Einarbeitung. Abhandlungen. Die Musik ist ein Organismus. Systematik. Entstehung der Mehrstimmigkeit aus originären Volkstrieben; Homo-, Poly- und Heterophonie; Wiederaufleben der letzteren in unserer Modernen. — Das Problem der Kirchenmusik. Choralforschung. „Internationaler Kongreß für Liturgischen Gesang in Arezzo" 1882. Regensburger Cäcilienvereinstage. — „Vierteljahrsschrift für Musikwissenschaft." Gründung, Ausbau und Abschluß 1885—1894 18

III. Akademischer Lehrbetrieb. Die Wissenschaft als Selbstzweck und als Dienerin der Kunstpflege. Vorlesungen und Übungen an der „Deutschen Universität in Prag" 1885—1898. Gründung des „Musikhistorischen Institutes" an der Universität Wien 1898. Verhältnis von Forschern und Künstlern. Aufführung historischer und zeitgenössischer Werke. Zuerkennung von Werken an Komponisten der Vergangenheit 34

IV. „Denkmäler der Tonkunst." Organisation. Drei günstige Momente für die Gründung der österreichischen Denkmäler: Die „Kaiserwerke", die „Wiener Musik- und Theaterausstellung" 1892, Erwerb der „Trienter Codices". Editionstechnik. Die materielle Beschaffung. Mitarbeiter. Die Mitglieder der Leitenden Kommission. Kardinal Piffl 47

		Seite
V.	Meine Bücher: „Richard Wagner" 1904 (1923). Biographische Essays. „Der Stil in der Musik" I. Prinzipien und Arten 1911 (1929). Stilkritik. „Methode der Musikgeschichte" 1919. Das „Handbuch der Musikgeschichte" 1924 (1930). Tabelle der „Stilperioden der christlich-abendländischen Musik"	77
VI.	Betätigung im musikalischen Kulturleben: Musikpädagogik. Reformen (seit 1882): Ausbau des Konservatoriums der „Gesellschaft der Musikfreunde". Gustav Mahler. „Musik als Mittel der Erziehung." Populäre Vorträge. Musikfeste und Kongresse im In- und Ausland (Belgien, Deutschland, England, Frankreich, Holland, Italien, Schweiz, Österreich). Die deutschen und internationalen Musikgesellschaften. „Haydn-Zentenarfeier" 1909. Lueger. „Beethoven-Zentenarfeier" 1927	95
VII.	Meine Nachfolge im Lehramt. — Gutachten und Empfehlungen in Österreich und anderen Ländern. — Erlebnisse in verschiedenen Kunststätten. Die Wiener Staatsoper und ihre Dirigenten. Konzerte für die Wiener akademischen Kreise. Musikkritik. — Rückblick. Wünsche für Schüler und Freunde dies- und jenseits des Ozeans	118

Einbegleitung

Wien, Oktober 1930.

Bevor ich den Entschluß fasse, Denkwürdiges aus meinem Leben zusammenzustellen, soll ich mich nach der Berechtigung dieses Vorhabens fragen. Habe ich den Anspruch, solches zu unternehmen? War mein Dasein, mein Wirken wichtig genug, um davon zu erzählen? Ermuntert war ich durch Aufforderungen von Freunden und erstklassigen Fachgenossen: „Sie standen an der Wiege unserer Wissenschaft!" „Sie haben sich an ihrer Begründung, Einrichtung, ihrem Ausbau führend beteiligt." „Sie gehören dem apostolischen Zeitalter unserer Wissenschaft an." „Sie haben mit den größten Künstlern und Forschern Ihrer Zeit verkehrt" und so weiter. Bestimmend war der Drang, mir selbst über mein Vorgehen Rechenschaft abzulegen, die organischen Zusammenhänge, die wissenschaftlichen Absichten aufzudecken und den roten Faden meiner Tätigkeit zu verfolgen. Ich hatte nicht regelmäßig ein Tagebuch geführt. Ich war dem Moment ergeben und verfolgte meine Ideale unentwegt. Nie erreichte ich das mir vorschwebende Ziel und doch soll ich es wagen, wichtige Stadien meines Lebenskampfes zu schildern! In streng wissenschaftlichen Fragen vertrat ich meinen Standpunkt mit Ernst und Beharrlichkeit. Allerdings macht jeder in dem Gange der Forschungen Wandlungen und Schwankungen durch, nichts ist bedenklicher als Eigensinn und hochmütiges Verharren. In meinen Publikationen habe ich Persönliches ausgeschaltet, auch in meinen akademischen Vorträgen ausgeschlossen. Desto mehr tritt naturgemäß in dem vorliegenden Buche das Persönliche hervor. Darin liegt ja mit ein Anreiz zur Abfassung. So sei denn dem Rate und Wunsche Folge geleistet und an das Werk geschritten. Das Beginnen ist nicht leicht, die Materialiensammlung umständlich, allein meine Arbeiten (gedruckte und handschriftliche), Skizzen, Gutachten, Festschriften, eine zahlreiche Korrespondenz sind verläßliche Hilfsmittel. Das Verantwortlichkeitsgefühl wird mich nicht verlassen.

Wien, Juli 1934.

Nunmehr habe ich die Niederschrift fertiggestellt. Allein sie bedarf noch der erneuten Durchsicht, vielleicht auch einiger Ergänzungen und Kürzungen. So wie ich bei der Abfassung durch unaufschiebbare Verpflichtungen unterbrochen wurde, so lasten sie auch jetzt auf mir. Allein mein Arbeitswille ist ungebrochen. So hoffe ich, daß ich noch (wie der Österreicher sagt) das letzte Tüpferl auf das „i" setzen kann.

I.

Es war am 20. August 1928, als ich, im 73. Lebensjahr, nach einem Gang in Wald und Flur und einem Höhenblick auf die Donau bei einem Glase heimatlichen Weines in dem Hofe eines schlichten Landwirtshauses sitzend, folgendes so niederschrieb, als ob es mir von einer höheren Macht diktiert worden wäre — fließend, ohne lange Überlegung, einem inneren Gebote folgend:

„Meine Religion besteht in der Ehrfurcht vor Gott, der Achtung jeder Konfession, sofern sie moralischen Gesetzen, ethischen Normen entspricht, in der Nächstenliebe, in der Liebe zur Natur, in der Schätzung jeder Nation, in der Hingabe an die Nation, der ich nach Geburt und Kultur angehöre, an das Vaterland, die Heimat, ferner in der Verurteilung jeder nationalen Selbstüberhebung, in der Hochschätzung jedweder Arbeit im Dienste der Menschheit, sowie von Kunst und Wissenschaft. In der Zurückweisung des Egoismus jedweder Art, in dem Bestreben nach Selbsterhaltung mit besonderem Hinblick auf die Gesundheit, ferner im Ertragen der Übel und Widrigkeiten des täglichen Lebens, in Pflege des Familiensinnes, besonders mit Rücksicht auf die Verpflichtungen als diligens pater familias, in Befolgung der gesunden staatlichen Vorschriften und Erfüllung ihrer Erfordernisse, in Hingabe an Freundschaft, in möglichster Nachsicht gegenüber Feindseligkeiten und Feindschaften, mit der Hoffnung auf Nachsicht gegenüber meinen Schwächen, ferner in dem Streben nach Wahrheit in Leben und Wissenschaft, in Vermeidung jedweden Aberglaubens, in treuer Erfüllung aller reellen Pflichten — dies alles zur Stärkung und Hebung der Lebensfreude und Heiterkeit. Endlich Furchtlosigkeit vor dem Tode, Mut und Kraft in allen Lebenslagen, Charakterstärke und Weichheit."

Dieses Bekenntnis ist wohl das konzentrierte Ergebnis meiner Anlage, meiner inneren und äußeren Erlebnisse, meiner Erziehung, meines Dranges nach Selbständigkeit in Tun und Lassen, meiner Kämpfe, der Freuden und Leiden meines Lebens, der Wandlungen in ihrem organischen Zusammenhang. Der geistige, der seelische Mensch ist das Produkt seiner Anlage, seiner Umgebung, seiner Studien.

Ich war in den einfachsten Verhältnissen aufgewachsen. Nach dem Tode meines Vaters — ich war ein Jahr alt, als er starb — zog meine schwergebeugte Mutter mit sechs unversorgten Kindern und in Gesellschaft ihrer auch mittellosen Schwester (kinderlosen Witwe) von Eibenschitz nach Iglau — beide Orte in Mähren. Ich bin heute noch stolz, sudetendeutscher Abkunft zu sein, denn die echten Mährer sind ernst und strebsam, nicht dem Wohlleben ergeben. Deutsche und Tschechen lebten damals friedlich neben- und miteinander. Dort bahnte Johann Freiherr von Chlumecky in den Zeiten nationalen Haders eine Verständigung an, die mustergebend hätte sein können und sollen für alle Länder der österreichisch-ungarischen Monarchie.

In Eibenschitz, damals einer deutschen Kleinstadt, war mein Vater, Dr. Joachim Adler, ein angesehener und beliebter Arzt, eines der Häupter der Homöopathie, der auf seinem Wägelchen oder reitend auch aufs Land zu den Patienten eilte — eine Praxis, die aufreibend, aber nichts weniger als einträglich war. Das kleine Vermögen meiner Mutter Franziska (Fanni), die einer sudetendeutschen Kaufmannsfamilie (Eisenschitz) entstammte, war aufgezehrt und es blieben nur zwei lange schmale Vormerkbücher, in die die ausständigen Honorare der Patienten eingeschrieben worden waren — uneinbringliche Forderungen. Der Statthalter von Mähren erwirkte aus eigenem Antrieb, wohl auch als Anerkennung der Verdienste, die sich mein Vater durch seine freiwillige, erfolgreiche Behandlung des Militärs während einer Choleraepidemie erworben hatte, eine kaiserliche Gnadenpension für meine Mutter und Erziehungsbeiträge für die Kinder, eine nicht hoch genug zu schätzende moralische Stütze für die verwaiste Familie. Zwei ältere Brüder meines Vaters waren ihm im Tode vorangegangen, wackere, arbeitsame Landwirte, Pächter, ein Bruder war Erzieher und Literat.

In Iglau wurden wir erzogen, zwei Töchter, vier Söhne, unter der liebevollen Leitung der besten, stillen und sanften Mutter und der strengen, auch hingebungsvollen Mitführung der Tante. So arm wir waren, so geschätzt war die kleine Familie, der sich die ersten Kreise der Provinzstadt erschlossen. An sorgfältigem Unterricht und Lehrern wurde nicht gespart, die Lebenshaltung war spartanisch, gefördert von dem jüngsten Bruder meiner Mutter, Bernhard, dem Musterbild eines gediegenen, gewissenhaften, gebildeten Kaufmannes — wie er mir zeitlebens als Vorbild edler Gesittung vorschwebte. Er heiratete dann meine ältere Schwester. Mein ältester Bruder wurde von ihm ins Geschäft nach Wien genommen und sie übertrugen später den Sitz desselben nach Mailand, wo ein Zweig meiner Familie gedieh. Die Tochter meiner Schwester heiratete einen italienischen Militär aus vornehmer Genueser Reederfamilie.

Iglau ist eine hochgelegene Stadt mit freundlicher, waldiger Umgebung, einem großen Mittelplatz, in dessen Apothekerhaus wir wohnten. Ihre Kultur reicht mit ihrer Meistersingerschule — ich kannte noch einen Schustersänger — in weitentfernte Zeit. Sie war damals gleichsam eine deutsche Sprachinsel, von tschechischer Bevölkerung umgeben. Katholische Priester und der Rabbiner, Doktor J. J. Unger, unterstützten einheitlich die religiöse Erziehung im Familienleben, und Toleranz war oberstes Prinzip der humanistischen Bildung, die an Mittelschulen von achtenswerten Lehrern gelehrt und von vortrefflichen Volksschullehrern vorbereitet wurde. Noch heute schweben sie mir gleichsam als Gottgesandte vor. Ich selbst kam in Iglau nur bis zur Mittelschule, da wir im Jahre 1864 nach Wien zogen, wo ich ins Akademische Gymnasium kam, damals die Eliteschule; das erste Jahr in das Nebengebäude am Universitätsplatz, sodann in das herrliche neue Gebäude am Beethoven-Platz (wie er später bezeichnet wurde). Meine Brüder hatten die Mittelschule in Iglau besucht, der zweitälteste wurde Advokat (später zum Mitglied des Disziplinarrates der Kammer gewählt), der dritte, anfangs ins

Geschäft des Onkels tretend, emanzipierte sich dann als Schauspieler, wurde Regisseur am Stadttheater in Leipzig, am Hoftheater in Berlin und als Direktor des Schauspielhauses in Braunschweig pensioniert — er war auch literarisch tätig, einige seiner Dramen wurden veröffentlicht und aufgeführt.

In der Familie war die unbedingte Wahrheitsliebe, das Meiden jedweder Lüge und Verstellung streng geübt. Dies ist ideell hoch wertvoll, allein man hatte außer acht gelassen, daß manchmal Schweigen Gold, Reden Silber ist. Dies habe ich bis auf den heutigen Tag nicht erlernt, so sehr ich Gelegenheit gehabt habe, dies bei anderen zu beobachten. Manche Widrigkeiten, Zurücksetzungen hätte ich mir wohl ersparen können. Nichtsdestoweniger habe ich mir Freunde erworben, gute, treue, und ... vielleicht noch mehr Feinde: ich tröste mich mit dem deutschen Worte „viel Feind, viel Ehr" und halte es mit Schiller: „Vielen gefallen ist schlimm." Mein Freund Carl August Artaria, mit dem ich seit der ersten Gymnasialklasse bis zu seinem Tode (1917) in engsten Beziehungen stand, sagte mir gar manchmal: „Jetzt hör' schon mal auf, immer das Herz auf der Zunge zu haben." Er war nicht der einzige, mit dem ich Lebensfreundschaft hatte. Ich hatte das Glück, in vornehme patrizische Häuser echt Wiener Prägung gezogen zu werden. Nie habe ich trotz meiner schweren Lebenskämpfe irgend einen Vorteil daraus gezogen, ebensowenig einen Schritt wegen Erzielung eines äußeren Vorteiles unternommen. Innigste Freundschaft verband mich mit Gustav Mahler, der auch in Iglau erzogen wurde; ich lernte ihn erst kennen, als er als Zögling des Konservatoriums nach Wien kam. Er war entsprechend unserem Altersunterschied um fünf Jahrgänge hinter mir. Auch auswärts gewann ich Freunde, so in meinem zwanzigsten Jahr den Salzburger Advokaten Dr. Adolf Rosian, der um zwanzig Jahre älter war, mit dem ich durch viele Jahre gemeinschaftliche Sommerspaziergänge (bis zu elf Stunden in einem Tag) in den Salzburger Alpen unternahm. Mit seiner Familie, die im Kunstleben Salzburgs eine führende Rolle spielte — seine Gattin, geb. Edle von Hilleprandt, war russische Kammersängerin gewesen —, blieb ich bis heute in freundschaftlichem Kontakt. Wertvoll waren auch die freundschaftlichen Beziehungen, die ich während meiner akademischen Lehrtätigkeit anknüpfte: in Prag mit Ernst Mach, Ewald Hering, Philipp Knoll, Alois Epstein, Friedrich Jodl, Leuchten der Wissenschaft und edle Charaktervorbilder. Nach zweijährigem Aufenthalt in Prag konnte ich einen Hausstand gründen mit einer Wienerin (Betti Berger), in deren Haus ich schon als Gymnasiast verkehrte und die ich auch auf Haus- und öffentlichen Bällen traf. Meine Werbung dauerte mehrere Jahre. Bei meiner Berufung nach Wien fiel ihr der Abschied von dem lieben Prager Kreise schwer, sie kehrte aber freudig in ihre Geburtsstadt und zu ihren Wiener Lebensfreundinnen zurück. Nach meiner Verlobung statteten ihr Brahms und Hanslick Begrüßungsbesuche ab, die von letzterem auch in Prag und Siegenfeld (bei Baden), wo wir Sommeraufenthalt nahmen, wiederholt wurden. Da spielte er meinen Kindern Straußische Walzer vor. Ich hatte auch das Glück, in Wien einige Kollegen zu finden, die mir ihre Gunst erwiesen, so den Physiker Ludwig Boltzmann und den Meteorologen Julius Hann. Aus der Prager Zeit spannen sich noch freundschaftliche Beziehungen, so mit dem Botaniker Richard Wettstein von Westersheim und dem Zoologen Berthold Hatschek. Merkwürdig, daß gerade Naturforscher solche Anziehung auf mich übten, und umgekehrt. Aber auch unter den Humanisten — deren Wissensrichtung jetzt sonderbarerweise als „Geisteswissenschaft" bezeichnet wird — fand ich einen oder den anderen, mit dem ich mich verstand. Für mich geht Kollegialität gleichsam parallel mit der Freundschaft. Im Gymnasium waren wir Schüler einer Klasse ein Herz und eine Seele. Die Überlebenden haben das „Du" beibehalten und kommen alljährlich zur Weihnachts-Neujahrszeit in einer „Kneipe" zusammen, auf sehr wenige zusammengeschmolzen: ein Botschafter und drei Advokaten, andere erscheinen sporadisch. Wenn wir uns begegnen, ist es mir, als ob wir in die Schule gingen oder aus der Schule kämen.

Wie ich zur Musik kam? Meine Mutter hatte sich in der Jugend zum Gesang auf der Gitarre begleitet — dann war ihr das Singen vergangen. Alle meine Geschwister erhielten Musikunterricht in Iglau. Ein Violinlehrer lehrte auch Klavierspielen. Der Lehrer Brosche schien mit mir zufrieden. Allein eine innere Vokation war noch nicht erfolgt. Ich habe kein absolutes, nur relatives Gehör. Im Akademischen Gymnasium übte ich unter einem Lehrer (Chorist der Oper) Gesang und konnte in der Oberschule auch fallweise als Chorleiter mich betätigen. Ich vervollkommnete meine Gesang- und Sprechtechnik später in Prag als Universitätsprofessor bei einer Meisterin, deren Lehrer der Bologneser Schule entstammte. Gedichte und kleine Musikstücke schrieb ich wie so viele Jünglinge. Da wurde ich 1868 ins Konservatorium geschickt (ohne mein direktes Verlangen), das erste Jahr im alten Gebäude (unter den Tuchlauben am Wildpretmarkt), wo wir in einer engen, dumpfen Hofstube Unterricht erhielten, sodann fünf Jahre im herrlichen, neuen Musikvereinsgebäude. Welch heiliger Ernst und welche Gewissenhaftigkeit herrschten da! Die Gesellschaft der Musikfreunde erwarb sich bei beschränktesten Mitteln durch die musterhafte Führung hochschätzbare Verdienste um das Wiener Musikleben. Josef Hellmesberger, der Geiger und witzige Edelmusikant, war Direktor, und der brummbärige, gutherzige, organisatorisch tüchtige Leopold Alexander Zellner (auch Akustiker und Orgelfachmann) „Generalsekretär". Wilhelm Schenner, Josef Dachs waren in Klavier, Anton Bruckner und Otto Dessoff in Theorie und Komposition meine verehrten Lehrer. Der erstgenannte, Organist an der evangelischen Kirche H. C., war ein feinfühliger, die Jugend mit Liebe leitender Magister — ein wirklicher magister artium. Er eiferte mich an und beglückte mich nach meinem Austritt mit der Duzfreundschaft. Dessoff lehrte Komposition in eigentümlicher Weise: Er spielte zum Beispiel den ersten Satz einer Beethovenschen Sonate und sagte: „Nächstes Mal bringen Sie mir einen Sonatensatz — wenn Sie es können." War seine „Methode" mit von Einfluß darauf, daß keiner seiner Schüler ein wirklich leistungsfähiger Komponist wurde? Ich glaube nicht: Komponisten werden geboren, die wahrhaft Berufenen ringen sich auch bei mangelhaftem Unterricht empor (wenngleich die strenge Lehre sie läutert und fördert), auch wenn sie von der Musikschule als „untalentiert" bezeichnet oder gar entlassen werden, siehe zum Beispiel den Fall Verdi. Artur Nikisch und Felix Mottl waren meine Schulgenossen — hochbegabte Jungen, die später in der Praxis Bewundernswertes (auf reproduktivem Gebiete) leisteten. Mein Freund Mottl war nach meiner Meinung ein zukünftiger Mozart. Bruckners Unterricht in Harmonielehre und Kontrapunkt war eine Daguerrotypie seiner bei Simon Sechter erhaltenen Lehren. Es war keine Brücke zwischen Lehre und dem Stand der Komposition der neuen Zeit, der er sich langsam aber entschieden anschloß. Er war sich dieses Mangels wohl bewußt, aber seine Intelligenz reichte nicht hin, um in der Didaktik dies zu bewerkstelligen. Wenn er einen strengen Sechterschen Lehrsatz erklärt und exemplifiziert hatte, trat er gelegentlich von der Tafel zur Seite, stieg vom Katheder, blinzelte mit den Augen und sagte: „Wenn i rausgeh, mach i's ganz anders." Während der ersten Schuljahre trat eine Wendung bei mir ein: Ich hatte im Gymnasium ein nicht vollwertiges Semestralzeugnis erhalten; der mütterliche und tantliche Entschluß war dahin gefaßt, daß ich nunmehr das Konservatorium zu verlassen habe, da sonst mein Gymnasialstudium leiden würde. Tiefbetrübt ging ich zu Zellner, der mir in liebevoller Weise erklärte: „Sie bleiben bei uns. Sie werden einen Freiplatz erhalten und da wird Ihre Mutter eine abwartende Stellung einnehmen." Sah nach und fand einen Freiplatz, den die Schotten zu vergeben haben. Ich sagte: „Ausgeschlossen, den erhalte ich nicht." „Du gehst zum Abt Helferstorfer, nimmst dein Gymnasialzeugnis mit, und ich will ihm eine Karte über deine Qualifikation schreiben." Mit schlotternden Knien trat ich vor den hohen geistlichen Herrn, erzählte genau meinen Fall. Er prüfte das Zeugnis und sagte: „Burscherl, du gefällst mir. Wenn du versprichst, dem Wunsche deiner Mutter nach einem besseren Zeugnis nach Möglichkeit zu entsprechen, so erhältst du unseren Freiplatz." Ich war so tief gerührt, daß ich kaum meine Zusage und meinen Dank erstottern konnte. „Du bringst mir jedes Semestralzeugnis. Gott befohlen." Damit war mein Musikstudium gerettet. Desto schwerere Kämpfe hatte ich in mir zu bestehen: ich prüfte mich selbst und fand, daß ich nicht die Begabung hatte, „Selberaner" (nach der Bezeichnung des bescheiden-selbstbewußten Franz Schubert) zu werden. Die manieristischen Leistungen meiner Muse befriedigten mich nicht. Ich war und bin der Ansicht, daß, wer der Welt nichts Neues zu sagen hat, schweigen, eventuell nur für sich schreiben soll. Wie viel Ungemach wäre der Welt erspart, wenn diese These allgemein sich Geltung verschaffte! Meinen Lehrgang am Konservatorium schloß ich 1874 mit einem „Künstlerdiplom". Im Schulorchester war ich ab und zu mit Mottl zur Pauke kommandiert und lernte unendlich viel von dem Schwung des Dirigenten (Direktors). In der Gesangausbildungsschule Marchesi hatte ich manchmal zu begleiten. Zellner stellte mich als einen „Gebildeten" hinaus, um an Liszt namens der Schüler eine Ansprache zu halten — der Dank war ein Kuß des Meisters auf die Stirne — er streckte mir seine Hände entgegen und drückte die meinigen (die Handschuhe bewahrte ich als kostbare Reliquie). Zu Richard Wagner war ich mit Nikisch und Mottl geschickt, um einen Ehrenpokal der Schüler zu überreichen. Der Meister wohnte bei Primarius Standhardtner in einem Mitteltrakt des Allgemeinen Krankenhauses. Wie erbebten wir, als Er erschien und in liebevoller väterlicher Weise uns mahnte, fleißig zu lernen, denn ohne mühevolle Studien sei der Komponist verloren. Der Tonsetzer müsse das Handwerk beherrschen, dann erst könne seine Phantasie sich frei entfalten — goldene Lehre! Ich fand, daß ich wohl das Handwerk erlernen kann, aber die selbständige Schaffenskraft mir fehle. Es war vielleicht der schwerste Kampf meines Lebens, der Komposition zu entsagen. Ich hatte Lust, mich der Medizin zu widmen, als meine Mutter mir sanft entgegenhielt: „Das kannst du nicht, denn dein Vater hat am Sterbebett den Wunsch ausgesprochen, daß keiner seiner Söhne Mediziner werden soll, da der Beruf zu schwer und verantwortungsvoll sei" ... ich folgte in tiefster Betrübnis (meine beiden Kinder wurden einige Jahrzehnte danach Mediziner — in erblicher Belastung der Anlage ihres Großvaters und der Neigung ihres Vaters) und begann 1873 das Jusstudium. Mein inneres Ringen dauerte an: Resultat war, daß ich mich wenigstens mit musikhistorischen Studien zu befassen beschloß, als Surrogat der kompositorischen Arbeit. Ich studierte gute Werke von Jahn, Chrysander, Spitta, Ambros u. a. nebst Kunstwerken auch der Vor-Bachschen Zeit.

Das theoretische Jusstudium war nicht ohne Interesse für mich: Adolf Exner regte mich als Lehrer des römischen Rechtes sehr an. Das österreichische Zivilrecht suchte ich durch ein neues Ehegesetz zu ergänzen und zu verbessern! Darf ich sagen, daß manche meiner Reformgedanken in der Folgezeit von berufener Seite erhoben und, von der Volksstimme gehoben, sich Bahn zu brechen suchten — natürlich ohne irgend eine Kenntnisnahme meiner bescheidenen, im Verborgenen gebliebenen Gedankensplitter. Ich schrieb sogar ein Drama (Entwurf), in dem die Heldin „Natalie" (meine erste Liebe, sie starb im 16. Lebensjahr — wir hatten nur wenige Worte gewechselt, ein scheues Rehlein aus vornehmem Alt-Wiener Kreise) vor das Parlament trat und in „eindrucksvoller" gebundener Rede für Frauenrechte und Gleichberechtigung in der Ehe eintrat. Frühere Gymnasialkollegen hielten abwechselnd in ihren Heimen Diskutierabende und ich hielt einen „Vortrag" über Aufhebung der Todesstrafe. Sie erfolgte später in Österreich — ohne mein Zutun. Das Jusstudium brachte mir in formeller Beziehung einen Gewinn: meine Ausdrucksweise wurde durch die juristische Begriffsbestimmung geklärt, besonders durch das Studium des ersten Bandes des österreichischen Privatrechtes von Josef Unger. In der Tat finden wir unter den Musikschriftstellern nicht wenige Juristen. Auch meine österreichischen Vorgänger waren juristisch ausgebildet: Kiesewetter, Ambros, Hanslick.

Nach absolviertem Jusstudium und während der Ablegung der Rigorosen trat ich beim Handelsgericht ein — als Beginn der Praxis. Diese schmeckte mir nicht: ich meldete mich nach drei Monaten beim Präsidenten, bat um meine Entlassung und begründete dies mit meiner Absicht, mich der Musikgeschichte zu widmen.

Der vornehme humane Beamte altösterreichischer Geartung hielt mir vor, daß mein Abteilungsleiter mit mir zufrieden sei und daß diese Wissenschaft keinen ökonomischen Halt biete. „Ich kannte Ihren Vater, der nicht damit einverstanden wäre. Bleiben Sie bei uns!" Ich erbat eine Wartezeit und nach etlichen Wochen erneuerte ich die Bitte. „Nun kann ich Sie nicht halten." — Mit innigem Danke für sein Wohlwollen schied ich.

Während meiner Studien im Konservatorium war die Wagnerkrise bei uns Musikzöglingen hereingebrochen. Ich war in klassischer Musik erzogen und nach anfänglicher Zurückhaltung, teilweiser Abneigung näherte ich mich langsam, schrittweise dem Wagnerschen Schaffen, und zwar übereinstimmend mit der chronologischen Folge seiner Werke, angefangen vom „Fliegenden Holländer" bis zum „Ring". Nur wenige Lehrer zeigten sich der „neudeutschen" oder gar der Wagnerschen Kunst geneigt. Da ergriff die Jugend ein Wagnerenthusiasmus, der alles aufwirbelte und mich erfaßte. Mottl, ein junger Mediziner Karl Wolf (nicht Hugo Wolf, wie oft zu lesen ist) und ich kamen zusammen und spielten und sangen die Wagnerschen Werke. Es schlossen sich andere an und die Exerzitien wurden aus unseren Wohnungen in andere Lokale verlegt: ich konnte bei dem Direktor des Akademischen Gymnasiums durchsetzen, daß wir in einem Schullokal Zusammenkünfte hatten, vorerst den „Akademischen Wagnerverein" im stillen und dann, als ich an die Universität kam, öffentlich statutarisch begründeten. Meine Familie war befremdet, einzelne verhöhnten oder bemitleideten mich — geradeso wie es in der Öffentlichkeit vorkam. Wir blieben unserer Begeisterung treu — die Hauptführer, die Musikgebildeten, sagten sich von dem Vorangegangenen nicht los. Wagner selbst ist in notwendiger Ein- und Eigenstellung auf seine Kunst in dieser Beziehung nicht immer richtig vorgegangen und hat durch seine Schriften manch üblen zersetzenden Einfluß geübt. Geradezu entsetzt war ich später über einen von ihm inspirierten Aufsatz über Robert Schumann (in den „Bayreuther Blättern") aus der Feder eines seiner Amanuenses, Josef Rubinstein — der sich dann das Leben nahm. Mittel konnten wir nicht in Fülle sammeln, um die ins Leben getretene Festspielhausidee materiell zu stützen — allein gar mancher schickte seinen Sparpfennig, richtiger das seinem Munde und seiner Bekleidung Abgeknickte an die Stätte, wo das erste Festspiel abgehalten werden sollte. Ich lebte vom Lektionieren und gab möglichst wenig Stunden, um nur meinen Studien viel Zeit widmen zu können. Damals bestand kein Ferialhonorar und bei Erkrankungen oder Reisen der Schüler wurde gar oft die Honorierung eingestellt — in den letzten Tagen des Monats war ich auch mit einem „Safaladerl" (Knackwurst), sogar mit einem Stück Brot zufrieden — ein König, der in seiner Geisteswelt lebte, der in Kunst und Wissenschaft Glück und Befriedigung fand. Um kein Haar wäre ich von meinen Überzeugungen abgewichen.

Es näherte sich das große Ereignis, das erste Bayreuther Festspiel „Der Ring des Nibelungen". Ich hatte in der Akademischen Lesehalle, die damals führend, der geistige und soziale Mittelpunkt der freiheitlichen Studentenschaft war, im Wintersemester 1875/76 einen Zyklus von Vorträgen zur Einführung in das Kunstwerk und zur Vorbereitung und Propagierung des Besuches gehalten. Diskussionen schlossen sich an mit Beteiligung von Kollegen aller Fakultäten, unter ihnen Siegfried Lipiner. Meine Absicht war gerichtet auf Vertiefung der Erklärungen, eine Zusammenfassung der Detailkommentierungen im Akademischen Wagnerverein. Ich wollte die Verbindung der verschiedenen hier vereinigten Sagenstoffe zu einer dramatischen Einheit klarlegen, das Kunstwerk als Ganzes, Dicht- und Tonkunst in ihrer Verbindung und Geschlossenheit erfassen, die Eigenform des musikalischen Dramas aufdecken, Zerfaserung der Musik durch einseitiges Hervorheben der „Leitmotive" und ihrer Wandlungen vermeiden. Das letztere hatten wir zum Überdruß bei den Spiel- und Singabenden im Verein getan, und Wagner stimmte dem zu, als ich bei einer Unterredung, von der sogleich die Rede sein wird, meine Stellungnahme zu präzisieren suchte. Er wurde der Leitmotivkommentare überdrüssig. So wie sich die Verdichtung seelischer, dramatischer Hauptmomente und persönlicher

Qualitäten der Handelnden in musikalische Motive beim Künstler von selbst vollzog — Wagner war darin durchaus kein Neufinder, nur die prinzipielle Ausdehnung auf je ein Werk hatte stetig bei ihm zugenommen —, so durchwirkte er das musikalische Gewebe förmlich naturgemäß mit den Wandlungen und Varianten, Veränderungen dieser Motive. Sie geleiten die Vorgänge ohne Anspruch auf ihre äußerliche Erklärung. Sie sind nicht, wie A. W. Ambros behauptete, „die Bergstöcke, die man bei dem Besteigen auswerfen muß, um sich zu überzeugen, ob man sicher und ruhig gehen kann". Man kann sich zur vollständigen Höhe des Verständnisses und der Mitempfindung der dramatischen Vorgänge erheben, ohne sich über das Auftauchen dieses oder jenes Motives Rechenschaft zu geben; die wissenschaftliche Analyse kann und wird diese zur theoretischen Aufdeckung mitbenützen.

Der Eindruck der Aufführungen war erhebend, die Wirkung erschütternd. Nach der Walküre kehrten Freund Franz Schaumann (Obmann des Akademischen Gesangvereins) und ich (wir hatten ein gemeinsames Zimmer) wie verzückt heim und als ich nach ihm die Türklinke ergriff, fiel ich bewußtlos um und erwachte erst nach langer Nirwana-Pause.

Damals waren nicht szenische Dekorationsüberspannungen, sondern ein einfacher Apparat, nicht dramaturgisch überhitzte Phantasien, nicht durchklügelte Aufmachung, man sehe das Bild von Brünhildens Erwachen im „Siegfried" (Abbildung in meinem Handbuch der Musikgeschichte, 2. Auflage, Seite 881). Der Lindwurm war wirklich der Erscheinung nach nicht zu fürchten, fast simpel — und doch glaubten wir an ihn und seine symbolische Bedeutung, aber innerlich war Stil, deutscher Stil, wie er Wagner als höchstes Ziel seiner Festaufführungen vorschwebte.

Ich hatte eine Einladung zu der Donnerstag-Soirée in Wahnfried erhalten. Primarius Dr. Standhardtner hatte dies veranlaßt; er führte mich in das Arbeitszimmer des Meisters, in dem Cercle gehalten wurde. Da konnte ich dem Meister nähertreten, ich stand vor ihm als einer Majestät der Kunst.

Wagner begrüßte mich freundlichst mit den Worten: „Ihr seid mir die echten kunstbegeisterten Jünglinge. Wir müssen das Verdienst der Aufführung teilen..." Wir wurden unterbrochen durch das Erscheinen des Herzogs von Meiningen. Frau Cosima bewirtete die Gäste in liebenswürdigster Weise: Aristokraten, Künstler; Liszt war von einer Reihe schöner Damen umringt. Die lieblichen Rheintöchter machten in meiner Phantasie die graziösesten Schwimmbewegungen. Als Frau Materna eintrat, war der Jubel ein allgemeiner. Plötzlich trat lautlose Stille ein, Camille Saint-Saëns setzte sich ans Klavier und spielte seine „Danse macabre", die in Wien großen Erfolg errungen hatte. In dieser künstlerischen Umgebung wollte mir das Stück nicht recht passend erscheinen. Der pikanten Instrumentation entkleidet, erschien es mir jetzt banal. Dann trat Liszt ans Klavier und trug mit jugendlichem Feuer eine freie Phantasie vor. Sein Antlitz erheiterte oder verdüsterte sich je nach dem Charakter der betreffenden Stelle. Der Beifall war enthusiastisch; die Herzogin von Meiningen umarmte ihn, die Gräfin Dönhoff küßte ihn und seine Tochter Cosima koste ihn, bis er sich wieder an das Klavier setzte. Diesmal spielte er eine Schubertsche Transkription „Les soirées de Vienne". Seine Finger liefen wie Feuer auf den Tasten, seine Oktaven perlten, die Triller, mit den beiden Daumen gehämmert, Akkordtriller, Trillerketten, Passagen, Schnörkel entzückten.

Wagner stand im Nebenzimmer, neben ihm Anton Bruckner und meine Wenigkeit. Bruckner, ansonsten von einer beispiellosen Scheu und Ehrfurcht erfüllt, rief Wagner zu: „Quartsextakkord... verminderter Septakkord... wieder!... Jessas!" Wagner lächelte, legte den Finger auf Bruckners Mund und es kam nun wieder ein kurzes Gespräch zwischen dem Meister und mir. Wir kamen auf die Aufführung zu sprechen und ich hob hervor, daß bei der Orchesterbehandlung die einheitliche Zusammenfassung mit Vermeidung motivischer Zerlegung, die großzügige Formbehandlung in Kongruenz dramatischer und musikalischer Momente so wohltuend, imponierend wirkte. Dagegen fand ich, daß der Text nicht immer verständlich war. Wagner stimmte zu und schob die Schuld auf die Sänger, die immer noch zu sehr opernmäßig sängen. Dieses Problem war für die neue Richtung von höchster Bedeutung. Allerdings gelang es einzelnen Sängern mehr als den anderen, die Diktion verständlich zu machen, allein auch sechs Jahre später, bei der Aufführung des „Parsifal", kam ich neuerlich mit Wagner darauf zu sprechen. Die Orchestration des „Parsifal" ist in dieser Beziehung viel zurückhaltender und fördert deswegen das Verständnis des Textes. Die stärkste und gewaltigste Reformoper Richard Wagners, „Tristan und Isolde", hat die üppigste Instrumentation (1859). Auf unser Gespräch gehe ich nicht weiter ein, denn die letzte Abhandlung Wagners über das „Bühnenweihfestspiel in Bayreuth", geschrieben am 1. November 1882 in Venedig, enthält Hauptzüge unserer Besprechung: er verlangt darin „ideale Natürlichkeit und weihevolle Einfachheit". Er spricht ausführlich über die notwendige Deutlichkeit der Aussprache der Sänger und blickt mit Sorge in die Zukunft und es entringt sich ihm der Schmerzensruf: „Möchte ich auf dem Gebiete der musikalischen Dramaturgie jemandem begegnen, dem ich dereinst mein mühevoll bisher allein verwaltetes Amt übertragen könnte!" (Ob er ihn wirklich fand, möchte ich nicht erörtern — Wagner hat ihn [sie] damals nicht gesehen, nicht erspäht.) Mit der Inszenierung war er vollkommen einverstanden. Er pries das Orchester, ohne die Namen der Leiter zu nennen. Es waren beim „Ring" Hans Richter, beim „Parsifal" Hermann Levi und der unvergleichliche „Blumenvater", wie ihn Richard Wagner nannte, Heinrich Porges. In der Tat war der Gesang der Blumenmädchen geradezu musterhaft, klar, verständlich, einschmeichelnd, natürlich.

Wagner schien mir schon während der ersten Parsifalaufführung irritiert und zugleich ermattet. Der Kampf um die künstlerische und materielle Existenz des Festspielhauses hatte ihn trotz der vermittelnden Tätigkeit seiner diplomatisch gewandten Gattin und trotz der huldvollen Förderung seitens des Königs stark hergenommen. Seine Impetuosität, sein fanatisches Wesen wirkten wie Blitze und Donner des Jupiter tonans. Im Grunde gütig und in bester

Absicht konnte manches seiner Worte befremden. Dies trat nun in scharfer Weise während der Parsifal-Festspiele hervor.

Auch Bruckner war wieder anwesend, erfüllt von der hohen Mission des Meisters, der ihm gleichsam als Urmeister vorschwebte — allerdings nicht auf dramatischem Gebiet, denn dafür hatte er keine Anlage, keine Vokation und keine Vorbildung im Maßstabe Wagners; er suchte sich nur der Ausdrucksweise Wagners zu bemächtigen und war stark genug, sich auf eigene Weise auf symphonischem Gebiete zu entwickeln und zu betätigen. Der formalen Bindungen der Wiener klassischen Schule konnte er nicht entraten.

Rührend war Bruckners kindliches, kindisches Verhalten zu Wagner: Er trug den Frack auf dem Arm und sobald er des Meisters ansichtig wurde, zog er sein „Bonjour!" raschest aus und den Festrock an; da passierte es ihm, daß er bei dem Abwurf sein Portefeuille verlor — wir mußten eine Kollekte machen, um ihm auszuhelfen.

Bei einem Empfang standen Bruckner und ich in einem Nebenraum — da stürzte der Meister herein, unwillig, fast erbost, mit einer befremdlichen Bemerkung über eine im großen Raum befindliche Persönlichkeit. Bruckner zitterte. Als Wagner seiner ansichtig wurde, sagte er: „Im nächsten Zwischenakt lasse ich Ihre Symphonie aufführen." Bruckner wußte nicht, was das bedeuten sollte. Ich war erschüttert und ... Wagner war an diesem Abend wie ein enfant terrible. Später sagte er zu mir: „Adler, ich hab' gehört, Sie widmen sich der Wissenschaft; was ist Wissenschaft? Der Arzt sagt mir einmal, ich soll in der Nacht die obern Flügel der Fenster offen lassen, ein anderes Mal die unteren Flügel, ein drittes Mal das ganze Fenster..." „Verehrtester Meister gestatten mir in Ehrerbietung die Bemerkung, daß das wohl mit Wissenschaft nichts zu tun hat. Da ich nicht die nach meinen Ansprüchen notwendige Begabung für die produktive Kunst habe und die reproduzierende mich nicht befriedigt und ausfüllt, so greife ich zur Wissenschaft der Musik, besonders mit Hinblick auf die Aufdeckung der Geschichte und der Zugänglichmachung unvergänglicher Werke der Vergangenheit. Auch diese können dem Künstler nützen, geradeso wie Sie Ihre Stoffe den Ergebnissen der literarhistorischen Forschung entnommen haben." Ich war über die Kühnheit meiner Antwort so erschrocken, daß ich nicht mehr hörte, was der innigst verehrte Meister antwortete. Ich sah nur, wie er heftig gestikulierte, mit dem Fuß strampfte — da erschien als dea ex machina die Hausfrau und führte den Gatten mit den Worten „Richard, rege dich doch nicht so auf" in ein anderes Zimmer. Es war meine letzte Begegnung mit Wagner. Bruckner und ich verließen nach einiger Zeit die Villa „Wahnfried" und ich wanderte feldeinwärts in den Vorort, wo ich ein Hofzimmer mit Aussicht auf einen Misthaufen hatte — es war gerade Viehmarkt dort. An meinem Entschluß, mich der Wissenschaft zu widmen, hielt ich fest in der Überzeugung, auf diesem Wege auch dem Wagnerschen Kunstwerk in richtiger Weise dienen zu können.

Ich fuhr nach Salzburg, um dem mir vom Wiener „Vaterland" vorgebrachten Ersuchen nachzukommen, über das Bayreuther Festspiel zu berichten. Ich nahm Quartier am Nonnberg mit der Aussicht auf das weite Tal, das vom Gaisberg und den verbindenden Höhen bis zum Untersberg umrahmt ist. In demselben Hause hatte Makart gewohnt, mein Zimmer stand mit einer Hauskapelle in Verbindung, also eine passende Nachempfindung für „Parsifal" fördernd. Über meine Eindrücke suchte ich mir Rechenschaft zu geben — unter Nachwirkung der von mir in Wahnfried initiierten Gespräche mit dem erhabenen Meister. Ich war beglückt, in dem schon erwähnten Aufsatz, den Wagner im November dieses Jahres in Venedig unmittelbar vor seinem Tode über „Das Bühnenweihfestspiel in Bayreuth 1882" verfaßte, manche Parallelität der Anschauungen zu finden.

Nach Bayreuth kam ich noch im Jahre, als Liszt starb. Die Nachricht von seinem Tode traf mich auf der Reise an die Ostsee. Seither habe ich Bayreuth nicht mehr betreten — in unverbrüchlicher Heilighaltung meiner Eindrücke von 1876, 1882, 1886. In mir wuchs allmählich die Überzeugung, W a g n e r s t e h e ü b e r B a y r e u t h, bekräftigt durch die Großtaten Gustav Mahlers an der Wiener Hofoper. Als ich dies öffentlich aussprach (in meinen akademischen Vorträgen über Wagner, veröffentlicht 1904), schrieb mir der Erzwagnerianer Albert Heintz, einer der Getreuesten der Getreuen: „Woher haben Sie diesen Ausspruch? Auch Mathilde Wesendonck tat ihn!" — Ich hatte leider diese erhabene Muse des Meisters nie persönlich kennengelernt. Auch an den Wagner-Vereinen beteiligte ich mich nicht mehr. Sie hatten nach meiner Ansicht ihre höhere Mission schon erfüllt. Ich anerkenne dabei ihre Verdienste um die Propagierung Anton Bruckners und Hugo Wolfs. Sie fanden aber keinen Ausweg aus den inneren Widersprüchen des Meisters, auf die ich in meinem Buch verschiedentlich hingewiesen habe (siehe unten).

II.

Nach Absolvierung des Konservatoriums (1875) beschäftigte ich mich, wie schon erwähnt, mit musikhistorischen Studien. Es war keine Gelegenheit, mich in einer Schule ausbilden zu können. So war ich auf mich angewiesen und suchte einen Untergrund anzulegen. Leitende Gedanken dämmerten allmählich auf, die ich durch Spezialarbeiten zu stützen suchte. So besteht meine wissenschaftliche Produktion gleichsam aus Gelegenheitswerken — von innerer Not oder äußeren Anlässen hervorgerufen. Bald glaubte ich zu erkennen, daß „die Entwicklung der Tonkunst organisch sei. In stetiger Aufeinanderfolge reihen sich die Entwicklungsmomente aneinander" — diese These stellte ich an den Anfang meiner erstpublizierten Arbeit „Die historischen Grundklassen der christlich-abendländischen Musik bis 1600", im Alter von 25 Jahren. Sie war meine Dissertation. Ich wollte mich legitimieren, daß ich streng wissenschaftlich zu arbeiten gewillt sei. Gerade die ältere Zeit lockte mich — so lückenhaft ihre Erforschung auch war. Die Abhandlung ist ein dreister Versuch, die mittelalterliche Theorie in ihrem Verhältnis zur Kunstbetätigung in eine Klassifikation zu bringen — ein Versuch, der bis in unsere Zeit Nachfolger, ich will nicht anmaßend sagen, Nachahmer gefunden hat.

Unter der Oberdecke mittelalterlich-scholastischer Ausführungen und Kategorien suchte ich die spezifisch musikalischen Kriterien aufzudecken, gleichsam Vorboten der später von mir aufgestellten Stilkriterien, vorläufig ohne ihre Beziehungen zur Kultur und zu den anderen Künsten. Die Studie fand den Beifall des Ordinarius für Geschichte und Ästhetik der Tonkunst — Eduard Hanslick. Ich war starr vor Erstaunen, als er erklärte, die Arbeit sei eigentlich eine Habilitationsschrift. Ich wagte, meine Bedenken zu äußern, und erklärte, daß ich behufs Legitimierung zu akademischer Lehrtätigkeit eine Spezialarbeit vorlegen wolle. Friedrich Chrysander begleitete die Erklärung der Annahme der „Grundklassen" in seine „Allgemeine Musikalische Zeitung" mit folgenden Worten: „An Ihrer Arbeit habe ich Freude gehabt über den echt historischen Sinn sowie über das Bestreben, auf den sachlichen Kern einzugehen. Letzteres kann uns allein weiterführen, wird aber überall vernachlässigt und durch Nebendinge überwuchernd bedeckt. In Wien haben Sie zur Zeit wohl wenige, welche mit Ihnen den Weg gehen oder überhaupt auf diesem Felde zu treffen sind." (Ambros war 1876 gestorben, Hanslicks Eigengebiet war die Ästhetik der Tonkunst.) Ich war beglückt und ermutigt und wollte mich dieser Anerkennung würdig erweisen und ... meinen Pfad weiter verfolgen.

Ich legte mir ein Problem vor, dessen Untersuchung und Erörterung für den Verfolg des musikhistorischen Organismus mir wichtig erschien: die Entstehung der Mehrstimmigkeit. Aus den mittelalterlichen Theoretikern und den damals uns zugänglichen Resten der mehrstimmigen Übung konnte ich keinen festen Anhalt, keine unwiderlegliche These zur Beantwortung gewinnen. Da griff ich zur Hypothese und nahm als dritte Argumentengruppe die Volksübung, die, aus originären Trieben hervorgegangen, bei allen Wandlungen der Kunstmusik in kontinuierlichem Fortgang sich erhalten hat. Ich legte den zweifachen Maßstab unserer Lehre an: Harmonik (Homophonie) und Kontrapunktik (Polyphonie); und suchte ihre Keime aufzudecken. Vorerst die erstere. Ich fand einen festen Halt im Fauxbourdon, der weit ins Mittelalter zurückgreift, zwei- und drei- und dann vierstimmig. Die erste Studie (1882) beschäftigte sich mit diesem Komplex. Ich suchte hier und in der zweiten Studie (1886, Vierteljahrsschrift für Musikwissenschaft, II) die Hypothese zu begründen, daß beide Arten aus originären Volkstrieben entstanden sind — die Quelladern liegen im Volksboden der verschiedenen Nationen, die sich an der Ausbildung künstlerischer Mehrstimmigkeit beteiligt hatten. In der zweiten Studie, die ich als „Gegenstück" zur ersten bezeichnete, suchte ich die Wiederholungen gleicher Glieder in verschiedenen Stimmen, in Sukzessiveinsätzen als Vorboten eigentlicher Nachahmung nachzuweisen und betrat damit den Boden der Kontrapunktik. Das plötzliche Auftauchen wirklicher Nachahmungsstücke, wie des Kanons, könne nur aus langer Vorbereitung und der Verwendung volkstümlicher Übungen erklärt werden. Ich fand da eine mich als Österreicher begeisternde Quelle originären Volkstriebes in den Gesängen der Älpler, der Gebirgsbewohner — naturalistischer mehrstimmiger Gesangbetätigung. Daß auch instrumentale Übungen daran beteiligt waren, nahm ich an — dies wurde erst durch die nachfolgenden Forschungen der vergleichenden Musikwissenschaft exakt erwiesen. Einer der Begründer derselben, Carl Stumpf, schrieb mir nach Empfang der ersten Studie: „Ihre Abhandlung behandelt eine Frage, die auch für meine Arbeit nicht ohne Bedeutung ist" — er legte damals die Fundamente für die „Tonpsychologie" und für die „Vergleichende Musikwissenschaft". Ich nahm aus dieser Bemerkung die Lehre, daß ich meine Lücken in der Psychologie ausfüllen solle und setzte meine Studien als vormaliger eifriger Schüler von Franz Brentano (meine Mitschüler waren Alexius Meinong und Theodor Masaryk) fort. Auch meine Kenntnisse in Paläographie suchte ich zu fundieren und wurde noch als Privatdozent ein Schüler Engelbrecht Mühlbachers (Schüler von Sickel). Die Grundthesen meiner zwei Studien kann ich auch heute aufrecht halten. Später kam noch eine Ergänzung hinzu.

Meine Hypothese, die ich in zwei Sätzen zusammenfaßte: 1. Homo- und Polyphonie haben sich neben- und miteinander entwickelt; 2. der originäre Trieb lag in der Volksmusik — wurden allgemein angenommen. Am Schluße der zweiten Studie wies ich auf den russischen mehrstimmigen Volksgesang hin, wie ich ihn in der Sammlung Melgunow kennengelernt hatte. Während meiner ersten Wiener Lehrzeit kam Eugenie Lineff ins Institut, um sich wegen der Volksmusikquellen zu orientieren; sie hatte eine köstliche Sammlung angelegt, die sie wissenschaftlich behandeln wollte. Unterdessen waren von Stumpf, seiner Schule und anderen Forschern wichtige Aufnahmen mehrstimmiger Musik gemacht worden (Siam, Japan, Java, China, Admiralitätsinseln u. a.), die sich nach meiner Anschauung von dem geregelten homo- und polyphonen Satz der europäischen Kulturvölker generell unterscheiden. Mein Hinweis (am Schluß meiner zweiten Studie) auf die mehrstimmige Volksmusik der Russen erfuhr eine allmähliche Klärung. Stumpf wies auf die antike „Heterophonie" (der Griechen), die die Wirkung der Gesangweisen durch einzelne abweichende Intervalle, die die mitgehende Instrumentalstimme ertönen ließ, zu heben suchte — Anfang und Schluß unison. Nun tat sich bei asiatischen und anderen Völkern ein neuer Aspekt auf: musikalische Gebräuche, die weit über den Anfang unserer Zeitrechnung hinauswiesen. Parallelfolgen aller Art, Quinten, Quarten, Terzen, Sexten, auch Sekunden waren volksgebräuchlich. Sänger ergötzten sich, eine Weise in gleichzeitigen Varianten vorzutragen, geradeso wie der Hauptsänger sich nicht begnügte, eine Weise immer gleich vorzutragen. So entstanden neben den Parallelen auch Seiten- und Gegenbewegungen. Und diesen ganzen Komplex der Stimmenführung stellte ich als irregulären neben den regulären unserer Homo- und Polyphonie. Ich faßte ihn unter einen Begriff zusammen, dessen Namen ich von der antiken „Heterophonie" entnahm. (Eine Zusammenfassung unter diesem Titel im Jahrbuch Peters, XV.) Reste derselben haben sich bis heute bei allen hochstehenden Musiknationen erhalten: zur Zeit der höchsten Blüte der A-cappella-Musik im 16. Jahrhundert wurden „Villanellen", also mehrstimmige Gesänge mit „Bauernmanieren" ausgestattet, mit „Quintengängen". Und wer hat nicht allenthalben am flachen Lande oder im Gebirge gelegentlich Quintengänge gehört! Quartengänge finden wir in regulärer Verwendung in der hochausgebildeten Mehrstimmigkeit der Niederländer, auch bei Meistern ersten Ranges, die sich an die niederländische Kunst anschlossen, ferner Dissonanzen- (Sekunden-) Gänge als Ausdrucksmittel lugubrer Stimmungen, so in den Totenlitaneien, wie sie noch Gafurius anführt. In einzelnen katholischen Kirchen Mitteldeutschlands waren noch in der ersten Hälfte des 19. Jahrhunderts irreguläre, aus dem Mittelalter übernommene Stimmführungen ausnahmsweise zu finden. Übrigens wissen wir, daß sich einzelne Quintenparallelen auch bei den großen Meistern finden — als Ausnahme von der Regel („Ausnahmen bestätigen die Regel"). Das Merkwürdigste ist, daß die übersättigte Musikkultur unserer Zeit zu alten Gebräuchen zurückkehrt und, wie dies bei solchen revolutionären Ausbrüchen auch im politischen Getriebe der Fall ist: Exzesse begeht. Und doch liegt auch in diesen Gärungen die Möglichkeit eines Gewinnes für die Zukunft.

Das Streben nach einheitlicher Erfassung des Entwicklungsganges der Mehrstimmigkeit konnte meine Bewunderung und mein Interesse für den einstimmigen liturgischen Gesang der katholischen Kirche und seine Wechselbeziehungen zu vorausgegangenen und begleitenden Erscheinungen nicht zurückdrängen.
Die Probleme der Kirchenmusik waren Ende der Siebziger- und Anfang der Achtzigerjahre an mich herangetreten. Die wissenschaftlichen Studien hatten mich dazu geführt. Die österreichische Kirchenmusik war nach den Leistungen der Wiener klassischen Schule in einem Stadium der Stagnation. Die Romantik begünstigte die A-cappella-Musik, einige geistliche Orden den Choral. Österreich war vorerst von diesen Tendenzen wenig berührt. Wissenschaftlich ergriffen Franzosen die Anbahnung der Studien zur Aufdeckung des Gregorianischen Chorals: Dom Guéranger (1805—1875, Gründer und erster Abt der Benediktinerabtei Solesmes) war der geistige Führer und das Haupt einer neuerstehenden Schule, die langsam in andere Länder übergriff. In Deutschland wurde 1867 der Cäcilienverein zur Pflege der A-cappella-Werke des 16. Jahrhunderts gegründet. Das Zentrum war der Regensburger Domchor. Im Choral suchte er sich an die Ausgabe der „Medicaea", die 1614—1615 in der Druckerei des Kardinals Medici hergestellt wurde, zu halten. Der Regensburger Verlag Pustet erhielt von der Ritenkongregation 1870 ein Privileg für die Neuherausgabe auf 30 Jahre. Der umsichtige Gründer und Direktor der Regensburger Kirchenmusikschule F. X. Haberl stand in seinen Diensten. Dagegen nahmen besonders

die Franzosen Stellung und wollten sich nicht diese Ausgabe, die aus den Zeiten des Verfalles des Chorals stammte, oktroyieren lassen. Es wurde der Kampfruf erhoben: „Revertimini ad fontes (Scti Gregorii)!" Sie wollten den echten Choral, dessen Tradition verlorengegangen war, wiederherstellen. Ihnen schloß sich in Italien die „Generale Associazione di Sta Cecilia" unter Führung des Paters Guerino (Abbate Ambrogio) Amelli O. S. B. an. In Italien war die Kirchenmusik verflacht und die Unterhaltungsmusik der gefälligen italienischen Oper niederen Stiles hatte sich in den Kirchen eingenistet. Die Wellenbewegung der Erneuerung der Kirchenmusik ergriff auch Österreich und der Kapellmeister der Wiener Kirche „Am Hof", Josef Böhm, gründete den Ambrosius-Verein, der aber wenig Rückhalt und noch weniger Unterstützung bei den geistlichen Behörden fand. In diesem Verein hatte ich einige Vorträge gehalten über Themen, die im Zusammenhang mit der Geschichte der Kirchenmusik standen. Da trat ein Ereignis ein, das als ein Wahrzeichen in weite katholische Kreise drang und wie ein Flammenzeichen den Brand der Begeisterung entfachte. Es sollte ein „Internationaler Kongreß für liturgischen Gesang" abgehalten werden. Die passendste Gelegenheit ergab sich bei der Enthüllung des Denkmals „A Guido Monaco" in Arezzo im Jahre 1882. Der schlichte Benediktinermönch (geboren um 995), der sich unsterbliche Verdienste um die methodische Klarstellung des Choralunterrichtes erworben hatte, wurde gleichsam zum Schutzheiligen der unaufhaltsamen Bestrebungen um Aufdeckung des „echten wahren" Chorals erhoben. Amelli hatte sich an die Spitze gestellt und lud die führenden Choralisten ein, die Sache zu beraten und der Kurie Vorschläge zu erstatten. Durch Vermittlung Böhms wurde ich als junger Privatdozent für Geschichte und Ästhetik der Tonkunst eingeladen und erhielt ein Doppelmandat: als Berichterstatter für das „Vaterland" mit der Verpflichtung, der Regierung ein Memorandum vorzulegen[1]. In meiner Begeisterung für Choralkunde griff ich zu und

---

[1] Einen Bericht verfaßte ich für Chrysanders Musikzeitung, der in vielen Zeitungen (fachlichen und politischen) abgedruckt wurde.

nach der Bayreuther Aufführung des „Parsifal" und nach Fertigstellung des Berichtes (s. o.) trat ich die Reise an, die mich vorerst nach Mailand führte, wo ein Teil meiner Familie ansässig war. Dort traf ich Dom Pothier O. S. B., den wissenschaftlichen Erben Guérangers, und P. Ambrosius Kienle vom Benediktinerkloster Emaus (Prag), der ein Schüler der Solesmenser war. Selbander reisten wir mit Amelli zu viert nach Arezzo (im September).

Eine große Gesellschaft von Geistlichen aus fast allen europäischen Ländern hatte sich zusammengefunden mit nur wenigen weltlichen Interessenten, im ganzen 120 Kongressisten. Die Stimmung war wegen der Gegensätze der Anschauungen und der unter der Oberfläche wühlenden merkantilen Interessen eine ziemlich gereizte. Die Enthüllung des Denkmals war im Beisein des italienischen Königs vorangegangen. Allein die Feier wurde fortgesetzt: 32 Musikbanden in buntscheckigen, goldflimmernden Kostümen zogen von 4 Uhr morgens bis Mitternacht durch die Stadt und bliesen „weltliche" Weisen. Auch das Theater bot eine Festvorstellung: „Mefistofele" von Arrigo Boito, die damals von den meisten Bühnen gespielte Oper! An der Logenbrüstung prangte das Bild Guidos, des Mönches. Die Kongreßberatungen fanden in der gotischen Kirche S. Maria della Pieve statt: je drei zu zwei bis drei Stunden an einem Tage, fünfzehn Sitzungen in fünf Tagen! Die Verhandlungssprachen waren lateinisch, italienisch, französisch. Einige Zentren der Choralpflege sandten kleine Chöre zur Aufführung und Erprobung ihrer Leistungen: Neben den Solesmensern waren die Regensburger (zwei Deutsche, ein Irländer, ein Holländer, ein Slawe) die leistungsfähigsten. Allein die Gegensätze dieser beiden waren fundamental: die französischen Benediktiner pflegten den Choralgesang in freischwebendem Rhythmus (rhythme oratoire) mit intrikater Ornamentik, die Deutschen den einfachen Choral ohne Verzierungen, richtiger ohne schwungvolle Melismatik (die „Medicaea"). Die Italiener hatten den Reigen der Vorträge eröffnet: monoton ohne Akzentuation, mit schnarrender Stimme die Töne in beinahe gleichwertiger Dauer herausstoßend. Wer hätte gedacht, daß er im Lande des Bel Canto, in der Nähe des Zentrums der katholischen Welt sei!

Die Gegensätze der beiden erstgenannten Vortragsgruppen waren das Substrat für die Erörterungen und schwierigen Verhandlungen über die Aufgaben zur Lösung der wissenschaftlichen und praktischen Probleme. Die Franzosen waren die Führer der freien Forschung, die es ermöglichen sollte, den wahren Choral, die echte Tradition aufzudecken — eine Arbeit, die Generationen zu beschäftigen habe. Man erörterte die Aufgaben der „nächsten und weiteren Zukunft". Die Tradition des Choralvortrages war im Laufe der Jahrhunderte oft durchbrochen, fast aufgehoben worden. Seit der Verwendung der Mehrstimmigkeit waren die Grundbedingungen des einstimmigen Chorales, dieses liturgischen Wunderbaues, tangiert, alteriert. Deshalb war es erklärlich, wenn auch nicht entschuldbar, wenn ein Teil der Kongressisten, der auf den Choral eingeschworen war, die Zurückstellung, Zurückdrängung des mehrstimmigen A-cappella-Gesanges und des geradezu ketzerhaften, mit Instrumentalmusik (Orchester) verbundenen Solo- und Chorgesanges gebieterisch verlangte. Dazu kam die zwar vornehme, aber ganz verworrene Leitung des hochachtbaren Präsidenten des Kongresses. Der innere Hauptgrund der Ratlosigkeit war die Unkenntnis der meisten Kongressisten über die alten Notationen des Chorales, in denen die „Neumen" im Mittelpunkt standen. Allein auch die damals besten Choralkenner fühlten da einen schwankenden Boden unter ihren Füßen.

Diese Erfahrung hatte ich schon bei meinen Studien gemacht und deshalb ging mein heißes Bestreben, mir und in der Folge meinen Schülern Klarheit zu verschaffen. So wurde uns (den Kongressisten) damals ein Wechsel auf die Zukunft ausgestellt, den einzulösen die tüchtigsten Forscher sich bestrebten. Allein die geistlichen Herren mußten dazu die Genehmigung der Kurie erlangen — die „Ratisbona" (Regensburger) Neuausgabe der „Medicaea" stand hindernd im Weg. Der Kongreß wandte sich an die Kurie um Genehmigung der Beschlüsse über die Stellung des Chorals in der Liturgie, über die Notwendigkeit der historischen Aufdeckung des Chorales und die Art ihrer praktischen Anwendung. Nach langem Harren kam der päpstliche Segen für die Kongressisten. Am 10. April 1883 verfügte der Heilige Stuhl, daß er die „Medicaea" nicht als ursprüngliche Form des Chorals ansehe; er ließ erkennen, daß er vor Ablauf des Privilegs keine definitive Entscheidung treffe. Ein antikes Wort sagt: „Die Mühlen der Götter mahlen langsam, aber trefflich." Die Vorarbeiten für die Hebung des Schatzes konnten fortgesetzt werden und fanden in der 1889 von Dom Mocquereau O. S. B. bewerkstelligten „Paléographie Musicale" einen kostbaren Niederschlag, in der seither die originalen Notationen mit wissenschaftlichen Untersuchungen der Öffentlichkeit übergeben werden. 1904 begann die neue Redaktion der liturgischen Bücher, die Dom Pothier schon 1884 mit dem „Liber Gradualis" unter Beihilfe seiner Mitbrüder eingeleitet hatte. Der Gesamttitel dieser Neuausgaben erhielt die offizielle Bezeichnung der „Vaticana", denn sie werden in der vatikanischen Druckerei hergestellt. So kamen die Endbeschlüsse des Aretinischen Kongresses zur Geltung. Seither hat sich besonders Peter Wagner, Professor an der Universität Freiburg in der Schweiz, große Verdienste um die Erforschung des Gregorianischen Gesanges erworben, stand aber in der rhythmischen Erfassung in einem gewissen Gegensatz zu den Solesmensern. Da ich in Übereinstimmung mit A. W. Ambros den Choral als eine Grundfeste der ganzen christlichen Musikentfaltung ansehe, betrieb ich eifrig das Studium in meinen Übungen und Vorträgen. Zur weiteren Vorbereitung reiste ich zweimal nach der Isle of Wight, wo die aus Solesmes vertriebenen Benediktiner ein Asyl hatten und Dom Mocquereau, der Führer, mich in liebenswürdiger Weise förderte. Auch im Emauser Pater Kienle hatte ich in meiner Prager Zeit einen verläßlichen Berater gefunden, den ich auch als Hauptreferenten über Choralwissenschaft in der „Vierteljahrsschrift für Musikwissenschaft" berufen hatte. Ich konnte natürlich nur bis zu einem gewissen Grade in dieses Fach eindringen. Wenn ich mit meiner Weisheit fertig war, sandte ich besonders Priester, die sich in dieses Studium vertiefen wollten, nach Solesmes, wo diese Benediktiner wieder Aufnahme gefunden hatten. So glaube ich, mit strengster Gewissenhaftigkeit diese Mission, deren erste Station der Aretinische Kongreß war, im Dienste der Wissenschaft und meines Vaterlandes erfüllt zu haben.

In einem losen Zusammenhang mit diesem Kongreß stand 1894 das Fest des Deutschen Cäcilienvereines zu Ehren des 300. Todesjahres von Palestrina und Lasso. Noch war nicht die neue offizielle Choralausgabe des Vatikans vorgelegt, aber die Regensburger wollten neben der Ehrung der beiden Großmeister wieder ihre Edition in Erinnerung bringen. Der Cäcilienverein anerkannte neben dem liturgischen Choral nur die A-cappella-Musik des 16. Jahrhunderts als vollwertige Kirchenmusik — diese und die lebenden Nachahmer (Manieristen) dieses Stils. Seine Mitglieder sollten nur das zur Aufführung bringen, was in seinem Vereinskatalog angezeigt wurde. Den damals prominentesten Meistern der katholischen Kirchenmusik Franz Liszt und Anton Bruckner standen sie fast abweisend gegenüber. Haberl hatte mich zu dem Feste eingeladen und ich fand willkommene Gelegenheit, die Regensburger Kirchenchöre in ihrer Vereinigung kennenzulernen: 50 Sänger (Männer und Knaben), die hinter dem Altar der Domkirche aufgestellt waren. Die Aufführung der A-cappella-Werke war eine würdige und wirksame. Nicht als ob sie die einzig berechtigte gewesen wäre, sondern als eine der möglichen. Denn jede Zeit gestattet verschiedene Auffassungen, nur müssen sie sich im Rahmen des Grundstiles halten. So wie Messenwerke aus der von den Cäcilianern zugelassenen Zeit mit Zugrundelegung sowohl kirchlicher wie weltlicher Weisen und ihrer Bearbeitungen (Motetten, Lieder, Chansons usw.) komponiert wurden, so kann bei aller Festhaltung des „Grundstiles" eine Charakterdifferenzierung beim Vortrag Platz greifen. Lasso wurde belebter vorgetragen als Palestrina. Und heute singt die Wiener Burgkapelle die Meisterwerke von Gallus (Handl) noch lebhafter. Nicht die Herkunft der verwendeten Weisen ist maßgebend, sondern die Verarbeitung im mehrstimmigen Satze, der seine eigenen Bedingungen hat. Die Regensburger Tage waren ersprießlich und erfreulich. Nur der Unterton der Herrschsucht in Choral und zeitgenössischer manieristischer Produktion war nicht erbaulich. Die künstlerischen Interessen suchte eine folgende Generation im Dienste des Ausdruckes ihrer Zeit zur Geltung zu bringen — mit Beibehaltung und voller Würdigung des Besten der vorangegangenen Zeiten, auch — horribile dictu — der Kirchenmusik der Wiener klassischen Schule.

Die Gründung der „Vierteljahrsschrift für Musikwissenschaft" steht in einem gewissen Zusammenhang mit meiner Anwesenheit beim Aretinischen Kongreß: nicht direkt, sondern indirekt, nicht bewußt, sondern gleichsam unbewußt. In Arezzo wurde der Verfolg der Forschungen für den Gregorianischen Choral von ernsten, berufenen Männern als notwendig, geboten erklärt. Ich fand, daß für das ganze Gebiet der musikwissenschaftlichen Forschungen dieses Bestreben ins Werk gesetzt werden sollte. Das konnte aber nur in Gemeinschaft mit den Standard-Vertretern geschehen, vor allem den beiden Männern, die ich als solche ansah: mit Friedrich Chrysander und Philipp Spitta. Meine Absicht ging noch weiter: am verheißendsten, wenn es möglich wäre, die besten Männer aller Musik-Kulturnationen in einem Organ zu vereinigen. Ich erachtete diese Aufgabe für viel wichtiger, als dem mir liebgewordenen Gebiete der Erforschung der Geschichte der Mehrstimmigkeit einzig meine Kraft zu widmen. So faßte ich den Plan der Gründung einer Zeitschrift, und zwar einer Vierteljahrsschrift von einem Jahresumfang von beiläufig 40 Bogen, damit alle Einzelgebiete in entsprechenden Abhandlungen vertreten sein können, dazu wohlvorbereitete Kritiken über neue Literatur, erschöpfende bibliographische Berichte und Titelangaben der wissenschaftlichen Artikel in Musikzeitungen. Ich wandte mich vorerst mit dem Vorschlage an Spitta (am 18. November 1883), der mir nach einem Monat seinen Beifall mitteilte und mich ermunterte, die Sache zu unternehmen. Auch Chrysander stimmte zu und so sandte ich eine Liste der Einzuladenden, die mit Ausnahme von zweien angenommen wurde — und gerade einer von diesen wurde dann ein weitbekannter Musikschriftsteller: Hugo Riemann (ich bestand doch auf der Einladung, die ich nach Erscheinen der ersten Hefte an ihn richtete — er hatte damals mehr Lust, „ein Schaffender zu sein"). Ich machte mich auf die Reise und verhandelte in Berlin mit Spitta, in Bergedorf mit Chrysander und beide erklärten sich bereit, mit mir die neue Zeitschrift herauszugeben, hätten es aber vorgezogen, daß ich alleiniger Leiter sei. Es wurde gemäß dem von mir entworfenen Programm beschlossen, daß wir drei regulär jeden Aufsatz lesen.

Während ich gern die englische, französische, italienische Sprache neben der deutschen zugelassen hätte (auch aus praktischen Gründen: ich befürchtete, daß der Abnehmerkreis in Deutschland zu klein sein dürfte), wollten Chrysander und Spitta die Zeitschrift als ein rein deutsches Organ behandelt sehen. Mit der Firma Breitkopf & Haertel hatte ich auf dem Hinweg die Sache beraten, die erklärte, sie hätte auch schon eine solche Absicht in Erwägung gezogen — das sagt wohl jeder Verleger, wenn er Appetit hat. An sich war der Bund eines Nord-, eines Mittel- und eines Süddeutschen wohl nicht ungeeignet, etwas Erspießliches zu schaffen. Auch das Altersverhältnis von 57 (dem Erfahrensten), 42 (dem Vollreifen) und 28 Jahren (dem jugendlichen Dränger und Idealisten) war keine ungünstige Kombination. Chrysander hatte schon 1863 einen ähnlichen Versuch gemacht, war aber 1867 beim zweiten Band seiner „Jahrbücher für Musikwissenschaft" stecken geblieben — aus Mangel an Teilnahme und wohl auch wegen der nicht alle Interessenten befriedigenden zufälligen Zusammenstellung der Beiträge. Mein umfassendes schriftliches Programm, das ich vorlegte, fand den Beifall der beiden Genossen. Der Vertrag wurde am 7. April 1884 abgeschlossen. Ich entwarf die Studie über „Umfang, Methode und Ziel der Musikwissenschaft", nach deren Erscheinen (Jänner 1885) mir Spitta am 20. März 1885 schrieb: „Ihre Abhandlung gibt ein vollständiges wohldurchdachtes Programm der von der Musikwissenschaft zu lösenden Aufgaben und gibt solches meines Wissens zum ersten Male..." In der Liste der Mitarbeiter schlossen sich den Herausgebern an die Deutschen: W. Bäumker, F. X. Haberl, O. Kade, A. Kienle, U. Kornmüller, H. Kretzschmar (der sich in der Kritik auf „populärgeschichtliche Bücher, Memoiren, Harmoniebücher, Geschichte der Oper" beschränken wollte), R. v. Liliencron, E. Mach, A. Meinong, M. Planck, Fr. Spitta, C. Stumpf (mit einem herzlichen „Glückauf zu dem mühevollen, aber hochverdienstlichen Unternehmen"), R. Westphal, R. Zimmermann, von denen einige Großführer ihrer Wissenschaftsgebiete waren oder wurden. (Diese Namen beweisen, daß eines meiner Hauptaugenmerke auf Förderung der Erforschung der Kirchenmusik gerichtet war.) Leider folgten von Deutschen meiner Einladung nicht: W. Preyer und W. Wundt (der es vorzog, „ein Lernender zu sein"), ferner H. Bellermann (der wohl wegen seines persönlichen Verhältnisses zu Spitta eine dilatorische Antwort gab) und in seinem Gefolge als treuer Schüler G. Jakobsthal. Von Nichtdeutschen beteiligten sich A. Hammerich (Kopenhagen), O. Hostinsky (Prag), I. P. N. Land (Leiden), M. Lussy (Schweiz). Entschuldigt hatten sich F. A. Gevaert (Brüssel), J. Pothier (Solesmes) u. a. Junge, strebsame Forscher wurden möglichst gefördert, die Schule Spittas fand in unserem Organ ein offenes Feld zur Unterbringung ihrer Arbeitsversuche, die viel versprachen.

Ein Hauptaugenmerk wendete ich den Besprechungen der Neuerscheinungen der Literatur zu und suchte auch wichtige Werke, die unmittelbar vor Gründung der Vierteljahrsschrift erschienen waren, heranzuziehen. Das Organ sollte überparteilich geführt sein. Es sollte eine produktive Kritik geübt werden und dazu waren jeweilig vorbereitende Studien anzustellen. Unter den Kritikern findet man erste Männer ihres Faches, besonders auch für die Hilfswissenschaften, denen ich breiten Raum gönnte. Die Musikforscher sollten auch durch diese Kritiken zu Vergleichen mit ihrem Fachgebiet angeleitet und — sagen wir es frei — erzogen werden. Mit leeren Lobesworten oder allgemeinen Phrasen, wie wir sie in der letzten Zeit so häufig finden, ist weder dem Autor noch dem Leser gedient — es ist gewöhnlich nur eine stupide captatio benevolentiae für die Besprechung eigener Produkte. Manchmal führte ich lange Unterhandlungen und fand selbst bei erstklassigen Forschern williges Gehör, da diese die Überzeugung gewannen, daß ich nur der Sache dienen will. Namhafte Männer schrieben mir: streichen Sie, was Sie nicht für geeignet halten. Im ersten Heft ist eine Besprechung des ersten Bandes von Stumpfs „Tonpsychologie" durch Alexius Meinong. Stumpf fand, daß sie zu große Aufmerksamkeit den streng philosophischen (psychologischen) Problemen zuwende. Ich hatte mit meinem Freunde Meinong diese Absicht vereinbart, um die junge Generation der Musikhistoriker dazu heranzuziehen. Die eigentliche Musikpsychologie war noch der Zukunft vorbehalten. Es sei mir gestattet zu gestehen, daß ich mich zur Besprechung von Ellis „On the history of musical pitch" über ein Jahr vorbereitete. Stumpfs Kritik von Ellis „On the musical scales of various nations" war, wie die Abhandlung selbst, wichtiger Grundstein für die neuerstehende „Vergleichende Musikwissenschaft", die ich meinem System der Musikwissenschaft (wohl als erster) eingeordnet hatte. Arbeit und Mühe gab es genug. Aber die materielle Entlohnung war auch entsprechend! Ich schäme mich zu sagen, daß ich für die anstrengenden Vorbereitungs- und Redaktionsarbeiten null erhielt. Ich erwartete auch keine Entlohnung, nur für meine Abhandlungen und Kritiken erhielt ich das Normalhonorar, 30 oder 40 Mark per Bogen, auswärtige Mitarbeiter erhielten 50 Mark. Allerdings war die materielle Lage dieser streng wissenschaftlichen Zeitschrift keine günstige. Spitta hatte von privater Seite einen Gründungsbeitrag in der Höhe von 1450 Mark an den Verlag Breitkopf & Haertel übergeben. Das österreichische Unterrichtsministerium bewilligte im März 1885 (nach Erscheinen des ersten Heftes) eine Jahressubvention von 200 Gulden, die ich nach Leipzig sandte. Bezüglich der Heranziehung weiterer Mitarbeiter und der Art der kritischen Besprechungen entstanden Differenzen zwischen Spitta und mir, während Chrysander sich möglichst fern hielt, wohl auch wegen der harten Schicksalsschläge, die ihn trafen (so durch den

Verlust seines älteren hochbegabten Sohnes). Persönlich blieb unser Verhältnis das allerbeste — er lud mich wiederholt in der herzlichsten Weise zu Besuchen ein. In der allerletzten Zeit, als ich seinen Einrichtungen Händelscher Oratorien für die Praxis nicht ganz Gefolgschaft leistete, da ich nicht der Ansicht war und bin, daß diese vom dramatischen Standpunkt vorzunehmen wären (vgl. meinen „Stil I" und „Methode"), änderte sich dieses Verhältnis. Spitta beklagte sich wiederholt über die viel zu lässige Behandlung des Vertriebes von Seiten der Verleger. Einige Kritiken wurden mir durch Majorität aufgezwungen — so ist es begreiflich, daß ich dem Bestreben Spittas gern entgegenkam, die Redaktion in seine Hände zu bekommen, besonders da der Verlauf nicht ganz konform meinen Absichten war. (Wegen Gustav Engels Aufsatz „Eine mathematisch-harmonische Analyse des Don Giovanni von Mozart" hatte ich eine schwere Meinungsdifferenz und wurde obendrein von Brahms verhöhnt durch seine spitze Bemerkung: „Ist das Wissenschaft?" Sollte diese logarithmische Berechnung der Ausgangspunkt einer zukünftigen Etablierung theoretischer Untersuchungen sein? Der Prospekt der neugegründeten [1931] „American Library of Musicology" [New York] kündigt für 1934 als 3. Band „A Physico-Mathematical Theory of Musical Composition" von J. Schillinger an. Warten wir ab!)

Es lockerte sich das Verhältnis einerseits zwischen den Herausgebern und andererseits zu den Verlegern. Meine Absicht, die Zeitschrift auf eine breitere, internationale Basis zu stellen, war begründet. Wegen relativ geringer Subskribentenzahl kündigten die Verleger am 25. Jänner 1894 den Vertrag. Die Einnahmen der Vierteljahrsschrift waren unter meiner Redaktion im ersten Jahre 1860, im zweiten Jahr 2321 Mark (nach dem Bericht von Breitkopf & Haertel) und sanken dann allmählich auf 1164 Mark. Die öfter aufgestellte Behauptung, daß die Ursache des Eingehens der Zeitschrift der Tod Spittas (er starb am 13. April des gleichen Jahres) gewesen sei, entspricht also nicht den Tatsachen.

Wir konnten mit den wissenschaftlichen Errungenschaften der

„Vierteljahrsschrift" zufrieden sein. Die segensreiche Wirkung der „Vierteljahrsschrift" hat sich bewährt, ihr Einfluß auf die nachfolgenden nationalen und internationalen Unternehmungen gleicher Art machte sich geltend.

1899 wurde ich gebeten, als Obmann der Redaktionskommission der auf internationale Basis gestellten neuen Publikation, die „Monatsschrift" und vierteljährliche „Sammelbände" vereinte, zu fungieren. Ich hatte manche Sorge damit, zog mich aber zurück. Ich war überlastet durch meine Verpflichtungen als Lehrer, als Leiter der „Denkmäler der Tonkunst in Österreich" und durch Arbeiten verschiedener Art. Kompetente Beurteiler sagten mir wiederholt, „das Niveau der Vierteljahrsschrift sei nicht wieder erreicht worden". Dies schließt nicht aus, daß Abhandlungen und Studien der nachfolgenden Zeitschriften eine höchst anerkennenswerte Vollendung erreichten. Ich muß es mir versagen, hier die Geschichte der nachfolgenden Zeitschriften (nationaler und internationaler) zu behandeln.

III.

In meinen Antrittsvorlesungen (Wiener Habilitation 1882, Prager Deutsche Universität 1885, Wiener Rückberufung 1898) habe ich mich mit der akademischen Pflege unserer Wissenschaft und ihren Pflichten beschäftigt. (Die dritte ist 1898 im Jahrbuch Peters in verkürzter Form erschienen.) Ich erörterte die Erfordernisse unserer Zeit und erlebte mannigfache Wandlungen ihres Betriebes.

Die Musikwissenschaft hat eine Doppelaufgabe: eine rein wissenschaftliche und eine in die Praxis greifende. Der Satz, daß die Wissenschaft Selbstzweck sei, hat auch in unserem Fach seine Berechtigung, sofern sie in ihren Grenzen bleibt und ihr Ziel verfolgt: das Gesamtgebiet und besonders den Werdegang der Musik in ihren Höhenzügen und Niedergängen zu erkennen, zu erforschen. (Nähere Ausführung folgt unten.) Sie muß alles heranziehen, was dazu dienlich ist. Die zweite Aufgabe ist, durch die Erkenntnis der Kunst für die Kunst zu wirken, das Kunstverständnis zu fördern und den Kunstgenuß zu veredeln. Diese Pflichten werden im akademischen Lehrbetrieb auf zweierlei Art zu erfüllen gesucht: durch Vorträge und Übungen. Als ich studierte, waren nur die ersteren allgemein üblich — erst allmählich lebten sich die letzteren ein. Die Vorträge sollten nach meiner Absicht zweierlei Art sein: a) streng wissenschaftlich für Fachstudierende, b) allgemein bildend für Hörer aller Fakultäten, auch für außerordentliche Hörer (ich füge hinzu: und Hörerinnen — ich trat in der Wiener Fakultät für ihre Zulassung auch als ordentliche Hörerinnen ein). Auch die allgemein bildenden Kollegien müssen selbstverständlich so fundiert sein wie die Erstgenannten. Musikbeispiele sorgen für die Belebung — Hanslick spielte reizend Klavier, allein er beschränkte sich auf Stücke aus dem 18. und dem ersten Viertel des 19. Jahrhunderts. Ich sang und spielte Werke aller Zeiten unter Heranziehung von Studieren den, natürlich in Beschränkung der Mittel — Richard Wagners Wort in einer Wiener Ansprache „soweit die vorhandenen Kräfte reichten" hätte auch da richtige Kennzeichnung getroffen. Seither sind die „collegia musica" in verschiedenen Universitäten gegründet worden und die Aufführungen vervollkommnen sich immer mehr mit der Absicht auf möglichste stilistische Äquivalenz. Nach meiner Anschauung und Absicht waren die wissenschaftlichen Übungen ein gleichwertiger Lehrfaktor neben den Vorlesungen, ja ich legte immer mehr das Schwergewicht in diese. Und auch die Übungen gabelte ich: a) behufs Erlangung aller Mittel wissenschaftlichen Betriebes, b) zum näheren Verständnis des in den allgemeinen „Vorlesungen" Vorgetragenen. Ich war in den Übungen gleichsam ein Mitschüler und haranguierte die Hörer, an mich Fragen zu stellen, sowohl im Falle der Unverständlichkeit des von Schüler und Lehrer Vorgebrachten, als auch um im Drange nach Erkenntnis und Verständnis Anregungen zu weiterer Erforschung zu erhalten. Wie dankbar sind die Hörer dafür! Sie sehen dann im Lehrer nicht den unfehlbaren Präzeptor, sondern den Lehr- und Lerngenossen. Nie hat sich einer meiner Schüler übernommen, im Gegenteil: sie gewannen aufrichtige Zuneigung und bewahrten Anhänglichkeit für das ganze Leben. Es kamen Priester aus dem In- und Ausland, die ihre Studien und Übungen im „Institut" machten und mir später sagten: „Es war die schönste Zeit meines Lebens, als wir unter Ihnen als Lehrvater arbeiteten und in Gemeinschaft mit den Kollegen lernten und forschten." Im Verkehr mit den Studienkollegen lernt man auch, bald dort, bald da ergänzen sich Kenntnisse und sie fördern einander. Es war nicht leicht, die Mittel zur Erlangung der notwendigsten Lehrbehelfe zu erlangen. Spitta hielt die Übungen in seiner Wohnung und auch ich mußte in Prag mich darauf beschränken und meine kleine Bibliothek heranziehen. Als ich nach Prag kam — Ernst Mach und Carl Stumpf waren die Antragsteller in der Fakultät, fürwahr die vornehmsten Promoventen —, äußerte sich der Kunsthistoriker, damals Dekan: „Was soll uns der Klavierspieler?" Nun, die Musikwissenschaft hat dem Kunstwissenschaftler gezeigt, daß sie nicht zurückbleibt, zumal da die Zentralmethode der Stilkritik von ersterer begründet und eingeführt wurde (siehe unten). Ich machte Eingabe über Eingabe (in Wien 1883, Prag 1886 und so weiter) behufs materieller Unterstützung und Begründung eines eigenen Institutes. Ich wurde „lästig". Aber ich tat es nicht für mich. Mit meinen Mitteln konnte ich nicht einen zweckentsprechenden Apparat beschaffen. War ich doch zwar „wirklicher, außerordentlicher Professor", aber (wie es im Dekret hieß) „unbesoldeter" mit einem Anfangs„honorar" von jährlich 500 Gulden, nach zwei Jahren (1887) mit 800 Gulden und im Jahre 1893 erhielt ich den Titel und Charakter eines „unbesoldeten ordentlichen Professors" mit „Jahresgehalt" von 1200 Gulden und einer Aktivitätszulage und unmittelbar vor meiner Berufung nach Wien 1500 Gulden nebst Aktivitätszulage. Im Oktober 1898 wurde ich zum ordentlichen Professor an der Wiener Universität mit etatmäßigem Gehalt ernannt. Ich führe diese Daten nicht an, um öffentlich mich zu beklagen — fürwahr nicht. Ich kam mir immer wie ein Krösus vor (auch wenn ich darbte), als ein Priester im Dienste meines Ideals, und hätte mit keinem Millionär getauscht. Ich bin mir des tiefen Dankes bewußt, den ich der österreichischen Unterrichtsbehörde schulde. Endlich war die Bahn offen zur Schaffung eines musikhistorischen Institutes. Ich begnügte mich damit und beantragte nicht ein „Seminar", wie es alte erbgesessene Fächer haben und dessen Leitung mit einem Honorar verbunden ist — auch damit „man" mir nicht nachsage, ich hätte es deshalb kreiert. Die Mittel erhielt ich teilweise vom Ministerium, teilweise durch Privatspenden — an der Spitze der Kaiser. Ihm schlossen sich mit Beträgen an: Erzherzog Eugen, die Barone Albert und Nathaniel v. Rothschild, Graf Lanckoronski, Ph. Freiherr v. Schoeller, A. Dreher, Th. Haemmerle, N. Dumba. Musikalien und Literatur spendeten die Leitende Kommission der „Denkmäler der Tonkunst in Österreich", die Gesellschaft der Musikfreunde in Wien, die Verleger Abraham (Peters), A. Gutmann, Eulenburg, Universal-Edition, Philharmonischer Verlag und meine Wenigkeit. Ein prachtvolles

Klavier erhielten wir von L. Bösendorfer, Cembali von Paul de Wit (Leipzig). Auch aus Paris und Helsingfors kamen Spenden. Das Ministerium gab Dotationen, seit 1903 jährlich 2000 Kronen. Zur persönlichen Unterstützung des Lehrbetriebes erhielt ich in der Folge einen Bibliothekar — bei der Gründung verrichtete Leo Fleischer freiwillige Bibliotheksdienste — und einen Diener und endlich auch einen Assistenten, der nach vielen Bemühungen als „ordentlicher" honoriert wurde (1914 jährlich 2000 Kronen). Ich sorgte nach besten Kräften für meine Hilfskräfte — ich selbst bezog nie einen Heller für meine Institutsarbeit. Ich ließ Kurse halten über Kontrapunkt, Notationen, katholische Liturgik, Basso Continuo, bibliographische Aufnahmen — zumeist von Mitgliedern des Institutes. Paläographische Kurse (später eigene Vorlesungen für das Institut) hielt Hans Hirsch, jetzt o. ö. Professor, auch Vorstand des österreichischen Institutes für Geschichtsforschung. Mein Institut war ein Vorbild für Berlin und Leipzig, wohin der Katalog der Hilfsbibliothek erbeten wurde. Schon 1908 hatten wir 5500 Bände. In Straßburg gründete Gustav Jakobsthal ein Musterinstitut für mittelalterliche Musikforschung — ein Schüler sei genannt: Friedrich Ludwig. In den dreißig Jahren meiner Wiener akademischen Tätigkeit wurden rund 150 Doktorate (Hauptfach Musikwissenschaft) erworben und eine Anzahl Rigorosen mit Musikwissenschaft als Nebenfach abgelegt. Die Frequenz des Institutes schwankte zwischen 20 bis 90 (Mädchen höchstens 10 Prozent) (im letzten Jahrzehnt Teilnehmer 50 bis 82, Mitglieder 10 bis 14). Es wurden ausgebildet 24 selbständige Forscher (davon haben 7 ein akademisches Lehramt). Von anderen Berufen, denen sich die Institutsschüler widmeten, seien genannt: 9 Komponisten, 6 Dirigenten, 16 ausübende Tonkünstler, 28 Musikschriftsteller, 31 Musiklehrer an hohen und mittleren, auch 2 an Volksschulen, 4 Bibliotheksbeamte, 1 Regisseur (mit einer entsprechenden Dissertation) — die übrigen nahmen auf anderen Gebieten den Lebenskampf auf. Von weiblichen Orden kamen Klosterschwestern behufs Vorbereitung zur Staatsprüfung in das Institut, denen ich (respektive auch mein Assistent) jedwedes

Entgegenkommen zeigte — auch wenn sie nicht als außerordentliche Hörerinnen aufgenommen werden konnten. Ich kann sagen: Gottes Segen schwebte über dem Institut. Für mich war die Lehrkanzel ein Altar, an dem ich meinen Dienst versah. Mein Hauptbestreben richtete sich auf methodische Unterweisung. Allein so in sich gefestet die Methode sein muß — schon um die Studierenden nicht zu verwirren —, so hat der Lehrer der freien Entfaltung des Hochschülers keine Fesseln anzulegen, keine beengenden Schranken zu setzen; die Führerschaft soll keine Zwangsherrschaft sein. Die Individualität soll sich frei entfalten, und in der Tat darf ich sagen: aus meiner Schule sind Individualitäten hervorgegangen, von denen einige in Forschung und Lehre bei aller Beobachtung der Methode zu hoher Eigenart vorgedrungen sind und ganz neue wissenschaftliche Gebiete erobert haben. Das ist meine größte Lehrfreude.

Da ich von der Kunst aus in die Kunstwissenschaft vorgedrungen bin und eine technische Vorbildung hatte, so erschien mir die Verbindung dieser beiden Geistesgebiete als etwas natürliches, als ein Naturgebot, wenn das Wort im weitesten Sinne angewendet werden darf. Ich verlangte behufs Aufnahme ins Musikhistorische Institut als „ordentliches Mitglied" die Ablegung einer strengen Klausurprüfung, an der die Kandidaten gewöhnlich fünf Stunden arbeiteten — ein Vorgang, der in der Folge auch an anderen Universitäten beobachtet wurde. Wer nicht bestand, konnte nur „Teilnehmer" sein, auch wenn er ordentlicher Hörer war. Künstlerisches Hören und satztechnisches Können sind nach meiner Auffassung die gebotenen Voraussetzungen musikwissenschaftlicher Forschung, geradeso wie Kunstschaffen ohne Kunstwissen auf unsicherem Boden steht. Phantasie muß auch beim größten Genie mit Kunstverstand vereint sein. Deshalb ist mir das Verhältnis von Künstler und Kunstforscher ein brüderlich-freundschaftliches. Wie es unter Brüdern oder Freunden zu Gegensätzen und Streitigkeiten kommt, erleben wir es auch bei den Erstgenannten.

Die Zuerkennung eines Kunstwerkes, dessen Autor nicht bekannt ist, an verschiedene Meister darf nicht verwundern. Allein der Forscher, der richtig fachlich vorgebildet ist, hat da mancherlei vor dem Künstler voraus. Der größte Künstler kann untauglich sein zur richtigen Erfassung historischer Werke. Je ausgeprägter sein Eigenstil, desto geringer ist seine Eignung, sich in andere Stilrichtungen einzuleben. Und gar die Urteile der Künstler über zeitgenössische Kunstgenossen sind, auch wenn Neid und Konkurrenz nicht die Motive sind, nicht selten dort am absprechendsten, wo der historisch Geschulte eine Gemeinsamkeit der Stilbehandlung klar erkennt. Es ist, ich möchte sagen, das gute Recht des Meisters, so zu urteilen. Die größten Zeitgenossen lernen sich selten ganz verstehen. Aus der Zeit meiner Entfaltung erlebte ich ein krasses Beispiel der gegenseitigen Verständnislosigkeit: Brahms und Bruckner, beide in ehrlicher Gesinnung. Letzteren traf ich eines Tages bei der Lektüre eines großen Werkes des ersteren. Bruckner begnügte sich mit dem Ausspruch: „Dös versteri net." Brahms anerkannte die Ideen in manchem Brucknerschen Werk, allein die Art ihrer Verarbeitung und Verbindung (die vielen „Luftpausen") widersprach seinem Wesen. Beide standen sich fremd gegenüber. Eine Gegenüberstellung beider Meister behandelte ich in meinem Essay über Brahms (1933). Desto erhebender die Beobachtung bei einzelnen Kunstschulen, wenn ihre Mitglieder sich achten und schätzen. Das ruhmwürdigste Muster ist die Wiener klassische Schule: Urteile von Haydn über Mozart in gegenseitiger Bewunderung, und dann Beethoven in seinem Drange, von Haydn und Mozart zu lernen und in der Folge bei aller stilistischen Zusammengehörigkeit selbständig zu werden. Beethovens spätere betrübende Bemerkung, er habe bei Haydn, als seinem Lehrer, nichts gelernt, bezieht sich auf den theoretischen Unterricht, den er kurze Zeit genoß (Haydn war damals überlastet), und entstammt seinem angeborenen Mißtrauen, hat aber mit dem stilistisch-genetischen Zusammenhang nichts zu tun.

Es gibt in jeder Kunst Persönlichkeiten, die das richtige Verständnis für Meister der Vergangenheit haben, ebenso wie in der Kunstforschung auch das Gegenteil der Fall sein kann. Am wüstesten waren Streitfälle von Künstlern und Forschern auf dem Gebiete der bildenden Kunst. Das Verhältnis von Künstler und Forscher habe ich im allgemeinen in meinem, die „Vierteljahrsschrift" einleitenden Essay mit folgenden Worten zu kennzeichnen versucht, und es sei mir gestattet, eine Stelle daraus zu wiederholen:

„... Die Wissenschaft wird ihre Aufgabe in vollstem Umfange nur dann erreichen, wenn sie in lebendigem Kontakt mit dem Kunstleben bleibt. So verschieden die Arbeit des Künstlers und Kunstforschers sein möge, so haben beide doch ein gemeinsames Gebiet: Der Künstler baut in dem Haine seinen Tempel auf, in dem Haine, dessen Düfte sich aus den frei wachsenden Blüten immer wieder neu beleben. Der Kunsttheoretiker macht den Boden zugänglich und wegsam, er erzieht den Jünger zu seiner Lebensaufgabe und begleitet den inspiriert Schaffenden als Lebensgefährten. Sieht der Kunstgelehrte, daß es nicht zum Besten der Kunst ausfällt, so will er ihn auf die richtige Bahn führen. Steht das Gebäude da, so hütet und verteidigt es der Kunsthistoriker, verbessert die schadhaft gewordenen Teile, und wird es gar baufällig, so stützt er es, um es der Nachwelt zu erhalten. Damit begnügt sich nicht der treue Freund. Er ordnet das Ganze und macht es der Menge zugänglicher. Soll es erstürmt oder niedergerissen werden, dann umzäunt er es oder rückt es in gemessene Ferne und bewahrt es so für Zeiten, die wieder das richtige Verständnis dafür haben. Eine seiner schönsten Aufgaben ist es, dem lebenden Blumengarten das Erdreich frisch zu erhalten, das nötige Interesse zu wecken und zu heben... Wenn der Künstler den Rayon der Altvordern verläßt, um sich ein neues Gebiet zu erobern, so läßt der Kunsthistoriker das alte nicht veröden und verwüsten und unterzieht sich gleichzeitig der Doppelaufgabe, mit seiner Hilfsarmee dem Künstler bei der Okkupation behilflich zu sein, mit Hand anzulegen bei der Urbarmachung des neu erworbenen Bodens und das Gerüst aufzustellen zum Aufbau des neuen Werkes. Seine Erfahrungen sind der Berater des jungen Baumeisters. Weist dieser im Übermute die teilnahmsvolle Beihilfe von sich, dann wird er das Gebäude entweder gar nicht unter Dach bringen oder dieses wird, weil auf lockerem Boden stehend, bald in sich zusammenbrechen, Wind und Wetter nicht standhalten. Von der Wiege bis zum Grabe begleitet der Kunstforscher den Künstler; die Geisteskinder des letzteren, die Wahrhaftigkeit in seinem Erdenwallen werden noch über das Grab hinaus vom Kunsthistoriker beschützt und beschirmt..."

Ein inniges Bündnis sollen Forscher und Künstler behufs würdiger Aufführung historischer Werke schließen. Darin sind in der letzten Zeit wichtige Fortschritte gemacht worden. Die einstigen Fehden wichen einer Verständigung. Fehler wurden auf beiden Seiten gemacht. Die Unsicherheiten der Historiker, die Willkürlichkeiten der ausführenden Künstler werden beseitigt. Von der zweiten Hälfte des 17. Jahrhunderts an bewegen wir uns auf festem Boden. Die älteren Stile bedürfen noch mannigfacher Klärung; wissenschaftlich vorbereitete Pioniere erfüllen diese Aufgaben mit künstlerischer Intuition. Ich bin für einen gewissen Ausgleich zwischen streng historischer Ausführung und den Bedürfnissen unserer, respektive der nachfolgenden Zeit. Im Leben wird manches durch Kompromisse erleichtert. Manchmal wäre eine Doppelaufführung erwünscht, um die Wirkung zu erproben. Auch beim Studium zeitgenössischer Werke sucht sich mancher gewissenhafte und tiefschürfende Dirigent dem Kunstwerk durch Erprobung in verschiedener Ausführung zu nähern und adäquate Wiedergabe zu erringen. Und gar der Einzelkünstler! Er hat das Recht verschiedener Auffassung — nur im Dienste des Kunstwerkes. Von Beethoven wissen wir, daß er sich von seiner Stimmung bei dem Spiel ein und derselben Sonate beeinflussen ließ.

Es gibt dreierlei Typen der Reproduktion, im Klavierspiel repräsentiert von Liszt, Anton Rubinstein, Bülow: Liszt als Ideal eines Virtuosen mit seinen Allüren; Spielkünste und Künsteleien scheinen im Vordergrund zu stehen; trotzdem war er Diener beim Vortrag klassischer Werke. Ich hörte von ihm das Es-Dur-Konzert von Beethoven (bei der Feier in Wien 1870) und virtuose Improvisationen über Schubert-Weisen in Bayreuth (Wahnfried) 1882. Dort eine gewisse Selbstgefälligkeit bei virtuosen Stellen, da ganz der äußeren Gefallsamkeit hingegeben, stellenweise als ob diese virtuosen Mittel (siehe oben) Selbstzweck wären. Es kam mir vor, als ob sein innerstes Wesen, seine Vornehmheit, dabei verdeckt wäre. Rubinstein steht dazu in einem gewissen Gegensatz. Uns Konservatoristen spielte er einen Zyklus Beethovenscher Sonaten vor; manche wiederholte er — jedesmal ein eigenartiges psychisches Bild, beeinflußt von seiner Stimmung und einer Art improvisatorischer Auffassung. Leider hörte ich weder von Liszt noch von Rubinstein Mozartsche Klavierwerke spielen; ich vermute, daß bei ersterem mehr die romantische Seite, bei letzterem die eigentlich klassische überwog. Bülow repräsentiert den Typus des exakten Spielers gleichsam in pädagogisch-didaktischer Absicht. Genau bemessen in Klangstärke, Nuancierung, Tempo und Akzentuation — fast bis zur minutiösen Dauerhaltung von Fermaten, und trotzdem in innerer Bewegung, Lehrvorträge ohne das unmittelbar Entflammende.

Wer mir am besten gefiel? Jeder in seiner Art. Allein am tiefsten wurde ich von Rubinstein ergriffen. Vielleicht ist die Nachwirkung dieser drei Größen so anhaltend, weil die Eindrücke mich in der Jugend trafen. Sosehr auch die nachfolgenden Generationen äußerlich vielleicht noch mehr leisten und Hochschätzbares bieten, meine Jugendeindrücke leben als unverwischbarer, unerreichbarer Zauber in mir.

Meine Stellung (als Historiker) zur zeitgenössischen Kunst habe ich wiederholt manifestiert. Sie ist im allgemeinen in dem obigen Zitat (S. 40 f.) gekennzeichnet. Im Jahre 1904 habe ich die Gründung einer „Vereinigung schaffender Tonkünstler in Wien" in einem ausführlichen Aufsatz begrüßt und es ist erwähnenswert, daß meine sympathische Begrüßung der Neugründung in dem Blatte erschien, in dem Eduard Hanslick das musikkritische Zepter schwang (er starb wenige Monate danach). Unterzeichnet war der Aufruf unter anderen von Franz Schmidt, Arnold Schoenberg, Karl Weigl (der Mitglied meines Universitätsinstitutes war) und Alexander von Zemlinsky. Ihnen schlossen sich in der Folge auch andere Musiker an, unter ihnen junge Tonsetzer, die meine Schüler waren (ich führe nur diejenigen an, die ihre Studien mit dem Doktorate abgeschlossen haben): Anton von Webern, Egon Wellesz, Paul A. Pisk, Kurt Roger („Progressisten" wie Schoenberg), während eine ganze Reihe eine Mittelstellung einnahm, so Hans Gál, Egon Kornauth, Josef Lechthaler, Fritz E. Pamer, Viktor Urbantschitsch — durchweg liebenswürdige, bescheidene Menschen, treffliche Charaktere. Die Dissonanzenseligkeit der „Neutöner" hat kein Gegenbild in ihren Seelen. Sie schrieben so, „wie sie mußten". Obzwar ihre kompositorische Tätigkeit nicht meiner didaktischen Beurteilung unterworfen war, machte ich Bemerkungen, falls sie mir ihre Kompositionen zeigten, in freundschaftlicher Weise. Mir imponierte, wenn sie sagten: „Ich kann nicht anders" — und ich schätzte sie desto höher. Manche der „Unebenheiten" lernten sie aus den mehrstimmigen Werken der Gotik — Webern arbeitete an einer Dissertation über das zweite Buch von Heinrich Isaaks „Choralis Constantinus", das er in unseren Denkmälern 1909 in tadelloser Weise edierte. Auch in Werken dieses großen Meisters stehen „verpönte Quartengänge" und andere verfemte Rückungen. Ich war gegenüber den lieben jungen Kämpen nachsichtig und schätzte ihren ehrlichen Kunsttrieb. Auch in meinem „Handbuch der Musikgeschichte" (siehe unten) habe ich ein großes Kapitel der „Moderne" eingeräumt und bin so weit gegangen, wie noch nie eine „Musikgeschichte", in der zweiten Auflage (1930) bis zum Jahre des Erscheinens. Ich hatte schon in der ersten Auflage die Einleitung zu diesem Abschnitt geschrieben und möglichst ruhig und freundlich gesinnte Verfasser für die Berichte über die „Moderne" bei den einzelnen Nationen (auch solche, die noch nie berücksichtigt waren) herangezogen — Männer, die genau mit ihrem Volk vertraut sind. Ich zog die Zuneigung der Abneigung vor, obgleich ich selbst aus meinen Bedenken kein Hehl machte. Der Vorsitzende der „Internationalen Gesellschaft für Musikwissenschaft", der zugleich Vorsteher der „Internationalen Gesellschaft für Neue Musik" ist, hat mir einen Vorwurf daraus gemacht, daß ich mein Handbuch bis

1929 ausdehnte. Ich habe dadurch der zukünftigen Forschung den Weg zu ebnen gesucht. Das Verhältnis von Künstler und Forscher hat wohl dadurch eine nicht unwillkommene Klärung erfahren.

Am krassesten sind die Gegensätze von Forscher und Künstler bei Zuerkennung von Werken an einen Meister der Vergangenheit — bei Bildwerken bis zum Exzeß, besonders wenn es sich um erste Meister handelt und deshalb materielle Interessen nicht selten ein treibender Faktor sind. Auch Forscher werden untereinander uneinig. In der Musik bewegen sich diese Differenzen innerhalb ideeller Gedankenkreise. Handelt es sich um vollreife Werke höchster Meisterschaft, dann wird fast ausnahmslos ein Einvernehmen erzielt. Anders, wenn es sich um Frühwerke von Großmeistern oder um manieristische Produkte von Kleinmeistern handelt; da sind Unterschiebungen begreiflich und Verwechslungen entschuldbar. Die Hauptsache ist, festzustellen, innerhalb welcher Zeitgrenzen das betreffende Stück geschrieben ist oder seiner stilistischen Beschaffenheit nach „gemacht" sein kann. Ein solcher Fall hat mich 1888 beschäftigt: Ein lieber Prager Schüler, Emil Bezecny (später Musikprofessor an der Lehrerinnenbildungsanstalt), brachte mir eine Anzahl Orchesterstimmen von einem ersten Satz eines Klavierkonzertes, die mit „Beethoven" bezeichnet waren. Die Klavierstimme hatte sein Stiefbruder (nachmaliger Generalintendant der Hoftheater) Josef Freiherr von Bezecny nach Wien mitgenommen, und sie wurde mir zur Verfügung gestellt. Die Stimmen stammten aus dem Besitz der Familie Bezecny, deren Ahnen tüchtige Musiker waren. An der bona fides war nicht zu zweifeln. Ich spartierte die Stimmen, deren Schrift und Papier etwa auf das erste Viertel des vorigen Jahrhunderts hinwiesen. Ich verfaßte eine Studie darüber und wies nach, daß der Satz, wenn er von Beethoven komponiert ist, in die Zeit zwischen dem Konzert in Es-Dur, das er mit vierzehn Jahren geschrieben hatte, und den Konzerten in B-Dur (fertig 1795, umgearbeitet 1798, später erschienen als op. 19) und dem in C-Dur (das die Opuszahl 15 trägt, obwohl es 1798 komponiert ist) fallen müßte. Zwischen dem Knabenkonzert und diesen in

B-Dur und C-Dur hat Beethoven mehrere Konzerte geschrieben, von denen er und Zeitgenossen sprechen. Der Konzertsatz steht ganz unter dem Einfluß Mozarts. Sogar das erste Thema ist von zwei Mozartschen Themen abhängig. Auch Orchester und Koloristik, die auf Beethoven hinweisen können, entsprechen diesem Vorbild. Ein Motiv des Konzertsatzes klingt an eine Stelle im ersten Satz des C-Dur-Konzertes von Beethoven an. Allein Technik und Gedankenreihung stehen weit ab von den beiden genannten Konzerten. Deshalb setzte ich die Datierung um 1790 an. Die nachher gefundenen zwei Kantaten, besonders die auf den Tod Kaiser Josefs II., haben viel markantere Züge, die auf Beethoven hinweisen — bei der Wiener Beethoven-Zentenarfeier 1927 ließ ich die letztere in etwas verkürzter Form gleichsam als Nekrolog für den Meister in der Eröffnungssitzung aufführen. Josef Labor, der feinfühlige Tonsetzer und tiefe Kenner unserer Wiener Klassik, hochgeschätzter Theorielehrer — ein Blinder, Kammerpianist des blinden Königs von Hannover —, bat mich, ihn den Konzertsatz öffentlich spielen zu lassen. Hans Richter erklärte sich bereit, den Satz in das Programm eines Philharmonischen Konzertes aufzunehmen, und Labor spielte ihn, wie mir berichtet wurde, mit großem Erfolg und allgemeiner Zustimmung. Die von ihm komponierte Kadenz ist stilvoll und hält sich in dem Zeitrahmen, den ich angesetzt habe. Richter nahm die Partitur nach London mit und brachte den Konzertsatz daselbst zur Aufführung. Die inneren Bedenken, die ich anfangs hatte, wurden äußerlich behoben. 1925 teilte Hans Engel, der im gleichen Jahre eine Spezialstudie über „die Entwicklung des deutschen Klavierkonzertes von Mozart bis Liszt" veröffentlichte, mit, daß der beregte Konzertsatz der erste Satz eines Klavierkonzertes von Josef Rösler (1771—1813) sei, das 1826 erschienen, aber schon 1802 komponiert sei. Rösler war Österreicher, der sich zeitweilig in Prag aufhielt, ein fruchtbarer Tonsetzer, ein Adept der Wiener klassischen Schule, der, genauer bezeichnet, unter dem Einfluß Mozarts stand, dessen Andenken er 1798 eine Kantate widmete. Er wird sicherlich zur angenommenen

Zeit der Abfassung seines Konzertes Beethovensche Werke aus dem letzten Jahrzehnt des 18. Jahrhunderts gekannt haben, zumal Beethoven auch in Prag öffentlich gespielt hatte. Die oben von mir genannten Momente weisen auf die Bekanntschaft hin. Besonders markant ist die Verwendung der Mediantentonart (F-Dur in D-Dur) im Wiederholungsteile. Hans Engel weist auf Stellen, die auf zwei Kleinmeister hinweisen: J. F. P. Sterkel (1750—1817) und J. B. Wanhal (1739—1813), der erste ein Mitteldeutscher, der zweite Süddeutscher, gebürtiger Böhme, der in Wien neben den drei Klassikern sich behauptete. Solche Zwischen-, Übergangskomponisten haben wegen ihrer Dienstwilligkeit gegenüber dem allgemeinen „Geschmacke" beim großen Publikum gar manchmal mehr Erfolg als Meister erster Ordnung. Meine stilkritische Argumentation für die Zeit um 1790 wird von dieser Aufdeckung nicht berührt. Hätte Rösler den Satz in dieser Zeit geschrieben, dann hätte man dem Altersgenossen Beethovens ein günstiges Horoskop stellen können. Manieristische Werke können in weiten Zeitläuften entstehen. Ich könnte den Satz nicht Mozart zuweisen, wie dies von anderer Seite geschehen ist. Auch dem Wunsche Hans Engels, daß das Konzert „verdiente, ganz aufgeführt zu werden", kann ich nicht beistimmen. Der Musikhistoriker hat innerhalb seiner oben gezeigten Aufgaben besonders auch dafür zu sorgen, daß die Pioniere einer im Entstehen begriffenen Stilrichtung, die Mithelfer und Bauarbeiter erforscht werden. Die Manieristen gehören in die Studierstube oder in die Musikräume des Musikliebhabers.

Diese Auseinandersetzung (wegen deren relativer Länge ich um Entschuldigung bitte) bildet gleichsam den Übergang zu der nun folgenden Beschreibung über mein Verhältnis zu der Frage über Gründung von „Denkmälern der Tonkunst", besonders in meinem Vaterlande.

IV.

Als ich heranwuchs und während meiner Prager Zeit haben die Ausgaben der Werke großer Meister des 18. und 19. Jahrhunderts höchst anerkennenswerte Fortschritte gemacht. Einige blieben im Hintergrund. Am schwierigsten war und ist die Durchsetzung der Edition Josef Haydn. Ein ganzes Aktenfaszikel liegt in meinem Archiv. Aus dem 16. Jahrhundert wurden zwei Gesamtausgaben von Großmeistern (Palestrina und Lasso) von deutschen Forschern veranstaltet. In mehreren Staaten wurden vorerst Anthologien herausgegeben. Es fehlte die Zentralisation, wie sie auf dem Gebiete des Gregorianischen Chorals als Folgeerscheinung des Aretinischen Kongresses 1889 in der „Paléographie musicale" der Solesmenser zu Tage trat. Ich fand, daß diese klaffende Lücke ausgefüllt werden müsse: zum Heile der Wissenschaft und zum Vorteil der Praxis.

Zur Zeit des Aufstieges unserer Wissenschaft in den Achtzigerjahren des vorigen Jahrhunderts steigerten sich stetig die Ansprüche an Zugänglichkeit des Kunstmaterials. Alle Versuche, eine zusammenfassende Geschichte der Tonkunst oder auch nur historisch fundierte Monographien zu schreiben, mußten an dem Mangel der Möglichkeit, die Kunstwerke als Ausgangspunkt der Forschungen zu nehmen, scheitern oder zumindest beeinträchtigt werden. So vielfach Einzelbestrebungen hervortraten, Kunstwerke zu edieren, so wenig entsprachen sie den Anforderungen der neu erstehenden Musikwissenschaft. Die Gesamtausgaben von Werken der Tonheroen, die in langen Jahrzehnten sich mühsam hervorarbeiteten, wiesen die Wege für das wie in Nebelferne liegende Ziel. Die Kunst der Übergangszeiten war vollständig im Unklaren. Zudem konnten erst im jüngeren Stadium der Musikforschung die Mittel gefunden werden, um die Kunstwerke in fachkundiger, streng wissenschaftlicher Weise zu edieren. Die Editionstechnik mußte erst erarbeitet, die semeiographischen (paläographischen) Studien mußten erweitert und vervollkommnet werden, um den Aufgaben gerecht zu werden. Daneben bestanden andere Schwierigkeiten und Probleme, die mit der Verhältnisstellung der Ausgaben von Kunstwerken zur Wissenschaft einerseits, zur praktischen Kunst andererseits zusammenhingen. Denn nie sollte außer acht gelassen werden, daß solche Publikationen auch für die Kunst von Wichtigkeit sind und somit auch für die schaffenden Künstler verwendbar seien, damit das historische Studium klärend und fördernd auf die letzteren wirken könne. Präziseste Autentizität der Kunstwerke in Berücksichtigung ihrer Notationseigentümlichkeiten und Möglichkeit der Einsichtnahme der Künstler sollten in Vereinbarung und Ausgleich gebracht werden. Auch das Verhältnis zwischen Forscher und Künstler in der Erfüllung solcher Aufgabe mußte geklärt werden. Eine gewisse Verhältnismäßigkeit im Anteil der beiden Gruppen mußte eingerichtet werden — lauter Aufgaben, die die neue Arbeit zu lösen, zu erfüllen hatte.

Von allen Kulturnationen gingen einzig die Deutschen, respektive Deutschösterreicher nicht einseitig vor und berücksichtigten in ihren Editionen und Programmen auch die Kunstwerke anderer Nationen. Engländer, Franzosen, Italiener, Holländer, Spanier bekundeten in bemerkenswerter Weise ihre Neigung, sich dem Vorgange der Deutschen anzuschließen, allein erst schrittweise konnten sie folgen oder — blieben beim Eingangstore stehen. Es galt also die Kräfte zu sammeln, die Arbeitsgebiete abzustecken, die Aufgaben zu verteilen, die Editionsprinzipien zu bestimmen und die Auswahl zu treffen. Von solchen Erwägungen und Wünschen erfüllt, suchte ich Fühlung; ich erkannte, daß solche Riesenunternehmungen nur mit staatlicher Hilfe, vielleicht sogar am wirksamsten unter staatlicher Führung verwirklicht werden können. Eine Kooperation der Kulturstaaten schien geboten, zumindest ein enges Zusammengehen von Deutschland und Österreich, denen dann die anderen sich anschließen konnten. Wie ich bei der Gründung der „Vierteljahrsschrift für Musikwissenschaft" den Zusammenschluß der beiden

Reiche als das Ersprießlichste gehalten und mich an die zwei besten Männer unseres Faches im Deutschen Reiche gewendet hatte, um gemeinsam ein Fachorgan erster Ordnung ins Leben zu rufen, galten meine ersten Bestrebungen einer gemeinsamen Erfüllung der schweren Aufgabe, wie sie durchgeführt werden sollte.

In meiner damaligen Stellung als Professor extraordinarius an der Deutschen Universität in Prag machte ich von meinen Absichten schon aus kollegialen Rücksichten dem Wiener Professor ordinarius Eduard Hanslick Mitteilung und er schloß sich, ohne irgend eine Ingerenz zu nehmen oder sonstige Schritte zu machen, bereitwillig an und unterfertigte mit mir die von mir verfaßten Eingaben und Berichte.

Ende des Jahres 1888 wurde dem Ministerium für Kultus und Unterricht ein Memorandum überreicht, in welchem der Plan einer Ausgabe von Denkmälern der Tonkunst entworfen wurde. Die Publikation war so gedacht, daß die verschiedenen Kulturländer in einer gemeinschaftlichen Unternehmung, welche das Material nach Staaten verteilt, vereint werden sollten. Es war vor allem an das Deutsche Reich, an England, Frankreich, Italien, Österreich-Ungarn und Spanien gedacht. Die früher veranstalteten oder eingeleiteten Editionen von Kunstwerken hatten sich etwa mit Ausnahme der „Musical Antiquarian Society", der Commerschen Sammlung niederländischer Werke, der „Lira sacro-hispana" von Eslava, des „Trésor" von Maldeghem, die sich auf bestimmte Ländergebiete beschränkt hatten, auf eine Auswahl von Werken der verschiedensten Kunstgebiete und Kunststätten erstreckt. Es schien die Zeit gekommen, da mit dem Aufschwunge der musikwissenschaftlichen Forschungen die Arbeitsgebiete nach Ländern abgegrenzt werden sollten, um zu einem gedeihlichen Ziele zu gelangen.

Eine ausführliche Begründung stand an der Spitze der Eingabe, die die eigentlich musikwissenschaftliche und die allgemein-kulturelle Seite behandelte. Das angestrebte Unternehmen wurde betitelt: „Monumenta historiae musices" und sollte erstens eigentliche Denkmäler (Kunstwerke) und zweitens Dokumente, ferner Quellenschriften theoretisch-historischen Inhaltes umfassen. Eine Übersicht über die bisherigen Versuche wurde gegeben und der zeitliche Umfang der zu edierenden Werke bestimmt: angefangen von den ersten mehrstimmigen Versuchen, einschließend den Minne- und Meistergesang, ausschließend den Choral (Gregorianischen, für den die musterhafte Ausgabe der Paléographie musicale von den französischen Benediktinern kurz vorher begründet war) bis zum Ende des 18. Jahrhunderts. Die großen Meister des 18. Jahrhunderts, denen bisher noch nicht Gesamtausgaben gewidmet waren (Gluck und Haydn), wurden Spezialunternehmungen zugewiesen. Eine lange Reihe der wichtigsten Namen wurde angeführt: Künstler, die in den beiden Reichen geboren sind oder daselbst gewirkt haben, besonders dann, wenn sie dort von bestimmendem Einfluß auf den Fortgang der Kunst waren. Der Charakter der Anthologie sollte vermieden werden und die Werke in ihrer Geschlossenheit ediert werden. Unica in deutschen und österreichischen Bibliotheken könnten, selbst wenn die darin enthaltenen Werke von Ausländern stammen, Aufnahme finden, besonders wenn ihre Pflege und ihre Einflußnahme im heimischen Kunstleben nachweisbar ist. Die Abteilung der Quellenwerke sollte sich vorerst auf die Ergänzung der Lücken in den Sammelwerken von Gerbert und Coussemaker und auf Neuausgabe der dort besonders fehlerhaft und unvollständig edierten Traktate beschränken und bis zur Mitte des 18. Jahrhunderts fortgeführt werden. Mit der Monumentalausgabe sollte eine Nebenedition praktisch wirksamer Werke für die Zwecke der Aufführung parallel gehen. Die Frage der Vereinigung von Forschern und Künstlern an der Erfüllung dieser Aufgaben wurde einer Erörterung unterzogen und die Eingabe schloß mit folgenden Worten: „Es wird somit die Frage unterbreitet, ob die Gründung von ‚Monumenta historiae musices' der unentbehrlichen Förderung und Unterstützung von seiten der h. Regierung begegnen würde, ob das k. k. Ministerium für Kultus und Unterricht gewillt wäre, mit der kaiserlich deutschen Regierung sich ins Einvernehmen zu setzen behufs einer zweckdienlichen Vereinbarung zu gemeinsamem Vor-

gehen, um so ein Werk ins Leben zu rufen, das für immerdar die
Schätze der abendländischen Kultur auf dem Gebiete der Tonkunst
zugänglich machen soll und noch in den fernsten Zeiten Zeugnis
ablegen könnte von dem künstlerischen und wissenschaftlichen
Ernst der Förderer, Veranstalter und Arbeiter. Groß ist die Aufgabe, schwer die Verantwortung, desto schöner und befriedigender
der Lohn: die Zugänglichmachung ehrwürdiger, erhabener Denkmäler, die Befruchtung des Kunstlebens mit frischen Trieben, die
Möglichkeit wissenschaftlicher Erkenntnis der Entwicklung eines
der herrlichsten Zweige kulturellen Lebens, der Tonkunst, ihres
Zusammenhanges mit dem übrigen Geistesleben." Auch auf die
Begleiterscheinung solch editorischer Arbeiten, auf die Heranziehung und Heranbildung einer mit den modernen Hilfsmitteln
wirklicher Forscherarbeit ausgestatteten Schule wurde hingewiesen.

Die Antwort (vom 15. März 1889) lautete insofern günstig und
ermutigend, als die „tunlichste Förderung" in Aussicht gestellt
wurde — allein mit der einschränkenden Folgebemerkung: „Sobald
für dasselbe eine Grundlage geschaffen wird, welche für die Verwirklichung und den dauernden Erfolg des Werkes hinreichende Gewähr
zu bieten geeignet ist." Und dies blieb auch der Standpunkt, den
das Ministerium in der Folgezeit beibehielt. Es oblag also den in
der Eingabe Unterzeichneten, die Organisation zu treffen und die
Beziehungen mit dem Deutschen Reiche anzuknüpfen und sonstwie
Mittel zu beschaffen. Daß die Unternehmung einen „rein privaten
Charakter annehmen" sollte, wurde auch später mehrmals betont
und als Bedingung der Förderung aufgestellt. Demgemäß waren
auch Unterhandlungen, die die auswärtigen Beziehungen und Vereinbarungen treffen sollten, in „privater Weise" zu führen. „Offizieller und offiziöser Vermittlung bedürfe es nicht."

Ich hatte bereits vor Überreichung der ersten Eingabe mit Friedrich Chrysander und mit der Firma Breitkopf & Haertel Fühlung
genommen. Am 19. März 1888 hatte ich folgendes Schreiben an die
Firma Breitkopf & Haertel gerichtet:

„Heute stelle ich eine wichtige Frage an Sie. Wie hoch käme der

Druck von ‚Denkmälern der Tonkunst' in einer Ausstattung wie etwa die Spittasche Schütz-Ausgabe? Diese Denkmäler sollten hervorragende Werke von Künstlern enthalten, von denen Gesamtausgaben nicht zu erwarten sind. Jährlich könnte etwa ein Band von etwa 150 Seiten erscheinen; jedoch wäre die Ausgabe nicht an bestimmte Termine gebunden. Würden Sie das Unternehmen eventuell in Ihren Verlag nehmen? Es wäre nicht unmöglich, nicht unwahrscheinlich, daß die österreichische Regierung für das Unternehmen, weil ein ähnliches in Österreich noch nicht besteht, zu interessieren wäre. Vorläufig bitte ich, die Angelegenheit konform Ihren geschäftlichen Prinzipien als eine vertrauliche zu betrachten. Es wäre mir erwünscht, wenn Sie mir hierüber bald Ihre Ansicht bekannt gäben, da ich Anfang nächster Woche nach Wien reise und vorbereitende Schritte tun könnte."

Leider war es mir damals nicht möglich, mit dem dritten Mitherausgeber der „Vierteljahrsschrift" (die drei waren, wie erwähnt, Chrysander, Spitta und Adler) die Angelegenheit schriftlich zu beraten, da zwischen uns infolge der mir durch Majoritätsbeschluß aufgezwungenen Aufnahme eines Aufsatzes (s. o.) eine Spannung eingetreten war, die mich veranlaßte, die Redaktion definitiv niederzulegen und (wie es schon im zweiten Jahrgang geschehen war) als Mitherausgeber zu zeichnen.

Chrysander und Haertels (Dr. von Hase) zeigten sich sehr eingenommen für den Plan, ich unternahm eine Reise nach Deutschland behufs persönlicher Beratung, die mich bis Bergedorf führte. Am 11. Mai 1889 meldeten mir Haertels: „In der von Ihnen in so dankenswerter Weise angeregten Angelegenheit der Monumenta hoffen wir, Ihnen möglichst bald nähere Mitteilung machen zu können." Nach einer neuerlichen Besprechung der Angelegenheit erhielt ich am 4. November 1890 ein Schreiben von Haertels: „... Am 1. November hat unser Dr. von Hase die Gelegenheit wahrgenommen, bei dem Herrn Minister Dr. von Goßler in der Angelegenheit der Denkmäler persönlich nachzufragen mit dem besonderen Hinweis darauf, daß ein Zusammenwirken bei der zunächst nötigen Enquete des handschriftlichen Materials und der Herausgabe selbst dringend wünschenswert sei. Der Minister ist dem Unternehmen sehr freundlich gesinnt und hat uns anheimgegeben, auf das Vorwärtsschreiten in der Sache zu drängen. Ein Ausschuß, zusammengesetzt aus Mitgliedern der Akademie der Wissenschaften und der Künste, hat bereits gegen Ostern auf Anfrage des Ministers die Veranstaltung der Enquete empfohlen. Durch einen Zufall ist die Sache aber nicht recht vorwärtsgekommen, doch war kürzlich ein neuer Erlaß des Ministers erfolgt, welcher jenen Ausschuß aufforderte, bestimmte Vorschläge über die Enquete zu machen und die Sache weiter zu leiten, so daß in aller Kürze nunmehr dieser Aufschub nachgeholt sein dürfte. Sowohl bei dem Herrn Minister wie bei den Referenten und den Ausschußmitgliedern war volle Geneigtheit zu einem derartigen Zusammenarbeiten mit dem von österreichischer Seite aus geplanten Vorgehen, und namentlich auch Professor Spitta, bei dem wir zuerst vertraulich wegen der Sache fragten, hielt dies für durchaus erwünscht..." Die Verhandlungen gerieten ins Stocken. Nach zwei Jahren übersandte Dr. von Hase „als Ehrengabe" zur „Austellung für Musik- und Theaterwesen" einen „Probeband" der „Denkmäler Deutscher Tonkunst", dessen Vorwort von einer „provisorischen Kommission von deutschen Reichsangehörigen" unterzeichnet ist. „In ähnlicher Weise wie Ihre stattliche Ausgabe der Kompositionen der Kaiser Ferdinand III., Leopold I., Joseph I. wird der freilich bescheidene Band von Samuel Scheidts ‚Tabulatura nova' eine Probe bilden für das große Unternehmen der ‚Monumenta musica historica', das hoffentlich die Kräfte Österreichs, Deutschlands und Italiens für diesen Zweck vereinigen wird..." Das ausführliche Schreiben suchte das separate Vorgehen Preußens zu begründen und es lag ein Prospekt bei über die ganze Anlage. Leider sollte sich das prophetische Wort in dem Briefe: „fortgesetzt wird die Unternehmung in jedem Falle", nicht erfüllen. Der zweite Band erschien erst nach zwei Jahren (1894) und dann blieb das Unternehmen stecken, bis es im Jahre 1900 durch die diplomatisch gewandte Behandlung seitens des Frei-

herrn Rochus von Liliencron seine Wiedererstehung feierte, nach
Liliencrons Tode unter der Leitung von Hermann Kretzschmar
stehend. Nach vorheriger schriftlicher Anfrage kam Freiherr von
Liliencron im Oktober 1901 nach Wien, um die Vereinbarung über
die Abgrenzung der beiden Arbeitsgebiete zu besprechen. In knapp
einer Stunde waren wir im Reinen, (Schriftführer Dr. Friedrich
Dlabac führte das Protokoll) und schlossen die Vereinbarung vorbehaltlich der Zustimmung der beiderseitigen Kommissionen. Das
an die Spitze der Vereinbarung gestellte Prinzip: „die beiden Denkmäler treten bei aller Wahrung ihrer Selbständigkeit in das Verhältnis gegenseitiger Verständigung und Förderung", wurde festgehalten.

Um den letzten Absatz der Vereinbarung: „Bezüglich der wissenschaftlichen Behandlung der Editionen soll möglichste Gleichartigkeit erstrebt werden", zur vollen Durchführung zu bringen, wurde
ich zu einer Beratung eingeladen, die am 13. März 1902 im preußischen Kultusministerium stattfand. In vierstündiger Sitzung wurden
die Vereinbarungen getroffen, die sich im großen und ganzen mit
den bisher beobachteten deckten und bezüglich der Bestimmung,
daß der Basso continuo ausgesetzt werden sollte, dem Vorgang
Österreichs folgten. Auf Grund dieser Vereinbarung wurden von
jeder der Unternehmungen eine „Richtschnur für die Herausgabe"
und eine „Instruktion für Kopiaturen und Spartierungen" verfaßt.

Im Jahre 1900 wurde neben den von der musikgeschichtlichen
Kommission, die vom preußischen Ministerium unter Anschluß von
Sachsen und anderer deutscher Bundesstaaten gebildet war, herausgegebenen „Denkmälern deutscher Tonkunst", die nunmehr als
„Erste Folge" erschienen, eine „Zweite Folge": „Denkmäler der Tonkunst in Bayern" in selbständiger Weise ediert. Unsere Abgrenzungsverhandlungen mit der bayerischen Kommission gestalteten
sich schwierig und sind bis auf den heutigen Tag nicht völlig geklärt.
Ein flüchtiger Blick auf die dort edierten Kunstwerke und Autoren
wird dies auch dem Fernestehenden sofort begreiflich erscheinen
lassen. Selbst Bemühungen unseres Kommissionsmitgliedes Wilhelm

Ritter von Hartel (damals Minister für Kultus und Unterricht), die er auf einer Reise nach München in eifriger und objektiver Weise anstellte, waren von keinem nachwirkenden Erfolg begleitet. Schließlich kommt es ja nicht darauf an, wer ein Werk ediert, nur unvorhergesagte, offene Eingriffe sollten vermieden werden, da sonst mehrfach Vorbereitungen getroffen, ja sogar Doppeleditionen veranstaltet werden könnten, die doch unbedingt zu vermeiden sind.

Nach Erörterung dieser Verhältnisstellung der Denkmälerunternehmungen von Deutschland und Österreich kehren wir nunmehr zu dem Stadium der Vorbereitung zurück, innerhalb dessen diese Unterhandlungen in Österreich initiiert waren. Es galt damals, die Grundlagen für das große Werk zu schaffen: Vorerst wurde ein Kataster der Autoren angelegt, dann die bibliographischen Vorarbeiten in Österreich-Ungarn aufgenommen. Sie gestalteten sich mühsam und äußerst schwierig. Vollkommen im Unklaren war man über die möglichen Fundorte. Die ganze einschlägige Literatur und alle zugänglichen Katalogverzeichnisse (gedruckte gab es nicht) mußten durchforscht werden; die Hauptsorge war die Eruierung der nicht bekannten Bestände. Achtzehnhundert Aufrufe ergingen an Anstalten und Private. Das Ergebnis war minimal. Selbst von Instituten, von denen man annehmen mußte, daß dort Material unbedingt zu finden sei oder in einem früheren Zeitpunkt vorhanden war, kamen Absagen, sei es aus Indolenz, sei es, weil die Bestände nicht aufgenommen oder nicht auffindbar oder in einem Zustande waren, der eine Aufnahme nicht zuließ, sei es, daß die betreffenden Aufsichtsorgane keine Erfahrung in bibliographischen Aufnahmen, nicht einmal in der Anlage von kursorischen Verzeichnissen hatten. Die politischen Landesstellen hatten über Anordnung des Unterrichtsministeriums Weisungen ergehen lassen, ebenso die „Zentralkommission für Kunst und historische Denkmale". Einzelne Konservatoren bemühten sich, diesem Wunsche zu entsprechen und gaben wertvolle Winke für die Eruierung von Beständen. Es blieb endlich nichts übrig, als in alle irgendwie in Frage kommenden

Orte Sendboten zu schicken. Die Aufnahmen mußten sich auf Inventarisierung beschränken. Es konnten nicht genaue bibliographische Beschreibungen gemacht werden, die auf die Zeit der Einordnung des betreffenden Materials zu Vorbereitungszwecken der Edition verschoben werden mußten. Immerhin gelang es, wenigstens eine Übersicht zu erhalten — bis auf die Lücken, die unvermeidlich waren und erst allmählich ausgefüllt werden konnten. Es ist natürlich, daß einzelne Sammlungen oder kleinere Bestände noch jetzt oder in kommender Zeit gefunden und eruiert werden, besonders wo sie ängstlich vor den „Entdeckungen" versteckt oder in weitläufigen Gebäuden (besonders in Bodenkammern und in Kellerräumen!) verborgen liegen.

Es galt auch, die in ausländischen Bibliotheken und Instituten befindlichen Werke zu verzeichnen, die für die österreichischen Denkmäler in Betracht kommen könnten. Da waren gedruckte Kataloge behilflich und in den Hauptbibliotheken wurden, sofern solche gedruckte Verzeichnisse nicht vorlagen, handschriftliche Kataloge zu diesem Behufe durchgegangen.

Die österreichische Regierung, die in dankenswerter Weise mit Empfehlungen nachzuhelfen bestrebt war, hatte in dieser Richtung auch bei der ungarischen Regierung Schritte unternommen. Diese hatte den Wunsch, daß ungarische Mitarbeiter gewonnen werden sollten. Es wurde die Wahl der ungarischen Behörde überlassen. Die Resultate, wenn überhaupt Nachforschungen angestellt wurden, blieben uns unbekannt. Daß der kunsthistorische Boden Ungarns nicht ergiebig sein dürfte, war zu vermuten, allein besonders aus der Zeit Matthias Corvinus' sollte man Reste erwarten. Unsere Denkmäler konnten sich im ganzen auf Österreich beschränken, allein nach Tunlichkeit suchten wir auch die wenigen aus Ungarn stammenden Künstler der historischen Vergangenheit zu berücksichtigen. In neuester Zeit zeigt sich ein anerkennenswertes Bestreben nach Erforschung der historischen Vergangenheit Ungarns, besonders auch der Folkloristik.

Die Organisation der Denkmäler war in folgender Weise getroffen:

Es galt, eine kunstpolitische Kommission zusammenzusetzen, die vor allem die Eignung besitzen sollte, Repräsentanz und Einflüsse stärker zu betonen und geltend zu machen, als dies ein einzelner vermag. Es mußte also eine Kommission zusammengesetzt werden, die aus diesem Gesichtspunkt gebildet war, unter Hinzuziehung von Vertretern wissenschaftlicher Fächer, die der musikhistorischen Arbeit Hilfsdienste zu verrichten haben. Es mußten aus den bereits angeführten Gründen, die besonders die Praxis betrafen, auch Künstler herangezogen werden. So trat ich an folgende Persönlichkeiten heran, die meinem Rufe Folge leisteten: Johannes Brahms, Josef Hellmesberger — er starb noch vor der Konstituierung und an seine Stelle trat als Vertreter der reproduzierenden Tonkunst Hans Richter ein —, Wilhelm Ritter von Hartel (altklassische Philologie), Heinrich Ritter von Zeißberg (Historiker, Direktor des Institutes für österreichische Geschichtsforschung, dann auch Direktor der Hofbibliothek) und Engelbert Mühlbacher (historische Hilfswissenschaften). Als Kassier: C. August Artaria, als Schriftführer Albert Ritter von Hermann (damals Ministerialkonzipist). Dann sollte ein Vertreter der Regierung in der Kommission sein. Als solcher wurde Wilhelm Baron Weckbecker am 31. Dezember 1893 offiziell ernannt. Zum Vorsitzenden wurde in der konstituierenden Sitzung am 3. Oktober 1893 Eduard Hanslick gewählt. Ich ward „Leiter der Publikationen". Diese Namen sind, mit Ausnahme Zeißbergs, am Aufruf unterzeichnet, der unser Programm darlegt und an der Spitze des ersten Bandes unserer Publikation steht.

Der Entwurf eines Statutes für eine „Gesellschaft zur Herausgabe von Denkmälern der Tonkunst in Österreich" wurde vorgelegt und angenommen.

Die Gesellschaft besteht aus

1. der leitenden Kommission, welcher die wissenschaftliche und künstlerische Führung sowie die administrative und finanzielle Gebarung obliegt;

2. den Mitgliedern im engeren Sinne, und zwar:

a) den Förderern, welche sich um die Bestrebungen der Gesellschaft besonders verdient gemacht haben und von der Leitenden Kommission ernannt werden;

b) den wirkenden Mitgliedern, die aus der Reihe der wissenschaftlichen und künstlerischen Mitarbeiter ernannt werden, und endlich

c) den beitragenden Mitgliedern, den Subskribenten der Gesellschaftspublikationen.

Die wirkenden Mitglieder stehen ein für den wissenschaftlich-künstlerischen Verfolg unserer hohen Ziele. Wir haben einen Stab von tüchtigen Mitarbeitern — wirkenden Mitgliedern unserer Gesellschaft — geistlichen und weltlichen —, besonders von solchen, die in der Wiener musikhistorischen Schule ausgebildet sind. Wir haben auch im Ausland Mitarbeiter, aber der Stamm ist in Österreich.

Am 3. Oktober 1893 fand, wie gesagt, die erste Sitzung der „Leitenden Kommission" statt, der ich den ersten Jahrgang vorlegte (Johann Josef Fux, Messen und Georg Muffat, „Florilegium"). Seither sind alljährlich ohne Unterbrechung die Publikationen ediert worden. Am 8. Jänner 1894 durften Wilhelm Ritter von Hartel und ich zur Audienz bei Kaiser Franz Joseph I. erscheinen, um die erste Gabe zu überreichen und die Bitte vorzutragen, den Kaiser als ersten „Förderer" begrüßen zu dürfen. In huldvollster Weise gewährte der Monarch die Bitte, wünschte der Unternehmung guten Fortgang und volles Gelingen und sprach seine besondere ah. Anerkennung und seinen Dank aus. Diese wurden auch in einer Zuschrift des Oberstkämmereramtes vom 19. Februar 1894 amtlich notifiziert: „Allerhöchste Entschließung: Ich habe den Mir von Ihnen erstatteten Bericht über das bisherige Wirken der Gesellschaft zur Herausgabe von Denkmälern der Tonkunst in Österreich mit Befriedigung zur Kenntnis genommen und gestatte, daß dem Leiter der Publikationen der Gesellschaft, ordentlichen Universitätsprofessor Dr. Guido Adler, der Ausdruck Meiner Anerkennung bekanntgegeben werde."

Für die Inswerksetzung der Denkmäler waren drei Momente förderlich: die Kaiserwerke, die „Musik- und Theaterausstellung" und der Ankauf der „Trienter Codices". Um das offizielle Interesse für die Denkmälerunternehmung zu heben und zu festigen und um den Erweis zu bringen, daß an der konstanten künstlerischen Schaffenstätigkeit in den österreichischen Landen auch gekrönte Häupter aus dem Erzhause mit schönem, hochachtbarem Gelingen teilgenommen haben, beantragte ich nach mehrjähriger Vorbereitung, die ein Teil der Vorarbeiten für die „Denkmäler" war, im Jänner 1891 die Edition einer Auswahl von musikalischen Werken der Kaiser Ferdinand III., Leopold I., Joseph I. Dieser Angelegenheit wendete der damalige Unterrichtsminister Baron Gautsch seine besondere Aufmerksamkeit zu. Ich wurde beauftragt, ehetunlichst ein Programm der Edition zu überreichen und bereits am 27. Februar hatte der Minister die allerhöchste Bewilligung zur Veranstaltung dieser Ausgabe erlangt. Zur möglichst vollständigen Erreichung des Materiales waren auch einzelne ausländische Bibliotheken zu durchforschen, zu denen Spuren gewiesen hatten. In diesen konnte ich zugleich das auf die österreichischen Denkmäler bezugnehmende Material aufnehmen. Die Kaiserwerke erschienen 1892 und 1893 in zwei Bänden „im Auftrage des k. k. Ministeriums für Kultus und Unterricht" und wurden vom Minister dem Kaiser überreicht. Sie bilden gleichsam das Vorspiel für die Denkmäler und erfreuten sich einer ungemein günstigen und würdigen Aufnahme (ihre Auflage ist vergriffen) und allenthalben wurde ihr hoher künstlerischer und kultureller Wert hervorgehoben. In der Tat bergen sie eine Sammlung von Werken, die gleichsam eine Übersicht über die verschiedenen Zweige musikalischer Produktion (mit Ausnahme der Orgelkomposition) im katholischen Süddeutschland in der zweiten Hälfte des 17. und dem Anfang des 18. Jahrhunderts geben (1. Band „Kirchenwerke", 2. Band „Gesänge aus Oratorien und Opern und Instrumentalwerke"). Die Ausgabe brauchte also, wie ein berufener reichsdeutscher Beurteiler sagte, nicht mit patriotischen Argumenten begründet zu werden, sondern rechtfertigt sich selbst aus kunsthistorischen und künstlerischen Gründen. Ich war gerade bei der Fertigstellung, als mich Joseph Joachim besuchte und ich spielte und sang ihm einige Stücke vor — er war erstaunt und besonders eine „Arie für Laute" von Joseph I. fand er „urmusikalisch". Seine Gattin trug einige Male Gesangstücke aus den Kaiserwerken vor.

Im Jahre 1891 wurde unter Initiative der Fürstin Pauline Metternich die Idee einer großen internationalen „Musik- und Theaterausstellung" in Wien propagiert. Mitglieder des Hofes, der Aristokratie und des Bürgertums assoziierten sich behufs Durchführung des Planes, der 1892 verwirklicht wurde. An mich erging im September 1891 die Einladung, die Leitung der musikhistorischen Abteilung zu übernehmen. Ich hatte starke Bedenken: vorerst ob der Verbindung von bildender Kunst und Musik. Indessen konnte sie vielleicht in ikonographischer Beziehung von Nutzen sein: Abbildungen von Instrumenten (abgesehen von der Ausstellung alter Instrumente), von Musikaufführungen, Porträts. Dann paläographische Schaustücke, Entwicklung der Notenschrift und des Notendruckes, Autographen und die der Liebhaberei frönenden Reliquien. Nach langem Sträuben unterzog ich mich dieser Aufgabe, nur dem Drucke der Herren des Ministeriums weichend, die mir bisher in der Denkmälersache beigestanden und mir in ehrender Weise ihr Vertrauen geschenkt hatten: Ministerialrat Vincenz Graf Latour und Ministerialsekretär Wilhelm Baron Weckbecker. Der erstere stand zwar persönlich der Tonkunst nicht so nahe wie der bildenden Kunst, allein er zeigte Verständnis für die neu erstehenden musikwissenschaftlichen Aufgaben. Der zweite ist eine musikalisch gebildete Persönlichkeit, die bis auf den heutigen Tag in den Sitzungen unserer Kommission die zur Besprechung gelangenden Angelegenheiten in eifervollem Beharren mitberät. Bis zum Jahre 1898 gehörte er dem Unterrichtsministerium (im Kunstdepartement) an und begleitete seit dem Tage, da die erste Eingabe überreicht wurde, auch in seiner neuen Stellung als Kanzleidirektor des „Oberstkämmereramtes Seiner Majestät" die „Denkmäler". Behufs

Erfüllung der Ausstellungsarbeit mußte ich einen halbjährigen Urlaub nehmen und konnte auch bei dem künstlerischen Teile der Ausstellung mithelfen und mitraten. Im Oktober 1891 begann ich mit den Vorarbeiten und die von reichsdeutscher Seite im Jänner 1892 gesandten Delegierten stimmten einhellig dem von mir vorgelegten Plane bei, wie er dann in Abteilungen ausgeführt wurde. Der ursprüngliche Plan der Vereinigung aller Kulturnationen wurde ob des Selbständigkeitsdranges einzelner Staaten aufgegeben, nur Deutsches Reich und Österreich blieben zusammen. In ihren historischen Rahmen wurden auf Begehren Einzelsammlungen eingereiht: „Gesellschaft der Musikfreunde" (in Wien), „Königliche Sammlung altertümlicher Musikinstrumente zu Berlin", die Instrumentensammlung von Baron Nathaniel Rothschild (Wien), die Sammlungen Paul de Wit (Leipzig), „Reichsdeutsche Militärmusik", eine Wagnerausstellung in der separierten „Gibichungenhalle" und die kostbarste von allen, „die Instrumentensammlung Erzherzog Franz Ferdinand d'Este". Ich hatte gehört, daß im Palais Modena Instrumente seien und als ich sie besichtigte, war ich, wie der Wiener sagt, paff. Ich wurde zum Erzherzog zitiert und eröffnete dem Ahnungslosen, daß diese Kollektion (aus dem 16. und 17. Jahrhundert) von gleichsam unschätzbarem Werte sei — eines der kostbarsten Ergebnisse der Vorarbeiten. Selbständige Separatausstellungen wurden im kleineren Umfang für England, Frankreich, Italien, Niederlande, Schweden, Spanien veranstaltet, auch für die polnische Musik. Die musikpädagogische Abteilung und das Vereinswesen leitete Baron Weckbecker, die Theaterabteilung Karl Glossy. Die Arbeiten waren mühevoll und anstrengend, fast aufreibend, besonders wegen der Verantwortung für die Aufbewahrung bis zur Einreihung in die Ausstellungsräume. Von acht Uhr früh bis acht Uhr abends (manchmal bis zwölf) roboteten wir und die Verteilung war manchem Zweifel unterworfen. Manche Aussteller, so der Fürst Schwarzenberg, eröffneten mir, daß nur meine Mitwirkung als Leiter sie bestimmt hätte, ihre Unica herzuleihen — wie schwer lastete dies (bei aller Genugtuung über ihr Vertrauen) auf meinem

Gewissen. Wenn ich in der Nacht in meiner Wohnung Feuersignale hörte, warf es mich angstvoll in die Höhe. Zum Glück hatten wir keine Verluste — die Bewachung war sorgsam. Ein einziges kleines Autogramm ging aus dem Depot verloren — es gehörte ... dem Fürsten Schwarzenberg. Er war so lieb und rücksichtsvoll, mir den Verlust nicht übel zu nehmen. Nicht selten fragte ich mich: „Wozu hast du das übernommen?" Eine Genugtuung hatte ich: der Erfolg der musikhistorischen Abteilung war ein voller. Der Katalog der deu.schen und österreichischen Abteilung — über 7000 Nummern, 570 Seiten— ist bis heute ein wertvoller bibliographischer Behelf geblieben. A. J. Hipkins, der beste Kenner des Musikausstellungswesens, schrieb mir am 8. August 1892: „Your magnificent Catalogue is a worthy monument of un unrivalled collection." Gern bringe ich einige Namen der wackeren Mitarbeiter in Erinnerung: Von österreichischer Seite Friedrich Dlabac, Oswald Koller, Josef Mantuani, August M. Nüchtern, Heinrich Rietsch, von reichsdeutscher Seite Oskar Fleischer, Adolf Sandberger, Emil Vogel, Paul de Wit. Alle Kataloge (auch die der anderen Staaten) sind ein kostbarer Überrest der in ihrer Art einzigen Unternehmung, die wohl nie mehr ihresgleichen finden dürfte. Für die „Denkmäler" ergaben sich auch aus den Anmeldungen und Zuschriften neue Winke und Weisungen. So waren die mühsamen und aufregenden Monate von ersprießlicher Nachwirkung.

Auch an den künstlerischen Veranstaltungen beteiligte ich mich. Theater- und Konzertaufführungen brachten viel Neues und Erfreuliches. Ein eigenes Orchester wurde begründet und stand unter der trefflichen Leitung von Hermann Grädener, der nach dem Tode Anton Bruckners Lektor der Musiktheorie an der Universität wurde. Leider konnte das erstaunlich leistungsfähige Orchester nicht erhalten bleiben — sosehr ich mich darum bemühte. Bürgermeister Dr. Prix sagte mir, er könne den Bestand nicht sicherstellen, da die politische Opposition ihm sonst „Verschwendung und Wahlfang" vorwerfen würde. Wien hat nie ein Stadtorchester erhalten. Die Programme der Ausstellungskonzerte waren vielseitig: den

Grundstock bildeten die Wiener Klassiker und die deutsche Romantik. Dem internationalen Charakter der Ausstellung gemäß kamen in eigenen Konzerten Amerikaner (zum ersten Male), Engländer, Franzosen, Italiener, Skandinavier zu Gehör. In populären Konzerten auch die Meister der leichten Muse. Manche österreichischen Zeitgenossen fanden Berücksichtigung. Ich nahm mich besonders der historischen Konzerte an. Choral und mittelalterliche Mehrstimmigkeit, nach dem Versuche, den ich vor 12 Jahren im Wiener „Ambrosiusverein" mit Josef Böhm gemacht hatte. Wenn ich heute daran denke, so komme ich mir wie ein Liliputaner neben einzelnen Kollegen der Jetztzeit vor. Aber der Anfang war damals gemacht. Einige A-cappella-Werke aus dem 16. bis 18. Jahrhundert hat die Singakademie zur Aufführung gebracht. Die frühen Niederländer waren nicht berücksichtigt worden. Da wandte ich mich an den Amsterdamer A-cappella-Chor, dessen Gründer und Leiter Daniel De Lange war; ich bat ihn so dringend, daß er mit seinen 17 Sängern (9 Damen und 8 Herren, unter ihnen die Sopranistin A. Redingius und Joh. M. Meschaert, damals am Eingang ihres Erfolgsweges stehend) komme, und er kam. Der erste Abend, fast leer, entfesselte bei den wenigen Zuhörern Begeisterung. Ich griff zur Feder und schrieb einen flammenden Artikel in der „Neuen Freien Presse". Die zwei folgenden Abende waren ausverkauft — der Sieg war errungen und der weitere Weg für Aufführungen gleicher Art geebnet. Aus den von mir in Angriff genommenen „Kaiserwerken", deren erster Band erschienen war, wurde ein Programm zusammengestellt. Im Theater, dessen Leiter Direktor Jauner war, kamen die „Stimmen der Völker" zu ihrem Recht. Auch die „Comédie française" beteiligte sich. Fürstin Metternich wünschte die Berücksichtigung der böhmischen Bühnen. Es entstanden Hemmungen, da wandte sie sich an mich, als akademischen Lehrer in Prag, um auch die Tschechen zu gewinnen. Unter Vorsitz des Prinzen Ferdinand Lobkowitz, dessen Familie in der Geschichte der Musik eine wichtige Rolle spielt, trat in Prag ein Komitee zusammen, dem unter anderen die Direktoren des deutschen Theaters (A. Neumann) und des Narodni Divadlo (F. A. Šubert) angehörten. Der letztere hatte doppelte Bedenken: was er den Wienern bieten könne, und dann beständen in Wien keine günstigen Auspizien für einen Erfolg. Ich war erstaunt über die Zaghaftigkeit und ein wenig empört über die Zweifel ob des Wertes der tschechischen Kunstproduktion. „Das sagen Sie als Tscheche? Die Opern von Smetana sind in Wien unbekannt — die beste Gelegenheit, um ihnen Gerechtigkeit widerfahren zu lassen, die zu einem Welterfolge werden könnte. Gehen wir Arm in Arm nach Wien und ich garantiere, daß die Wiener, dieses urmusikalische Volk, der ‚Prodaná Nevěsta‘ (‚Verkauften Braut‘) eine Aufnahme bereiten, die wenigstens auf kulturellem Gebiet eine Verbindung herstellt." Prinz Lobkowitz' Augen leuchteten und er stimmte mir zu. Da ersuchte mich Dir. Šubert um Aufstellung eines Programmes und ich sagte zu. Der Bund war geschlossen. Der Enthusiasmus der Wiener war gemäß meiner Voraussage. Die Hetzer verstummten. Nach einigen Jahren begegnete ich dem Prinzen in der Anticamera gelegentlich einer kaiserlichen Audienz. Er eilte auf mich zu: „Sie wissen gar nicht, was wir Ihnen zu danken haben." „Ich habe nur meiner Gewissenspflicht als Historiker Genüge geleistet." Als gebürtiger Sudetendeutscher war und bin ich immer für Versöhnung. Auch die italienischen Veristen kamen damals zu ihrem Recht. Mascagni, der offizielle Vertreter Italiens bei der Wiener Beethovenfeier 1927, eilte in dem Empfangsraum der Festversammlung mit offenen Armen auf mich zu mit dem Rufe: „Trentacinque anni!" So konnte ich mit dem ideellen Erfolg der „Musik- und Theaterausstellung" zufrieden sein. Allein der seelische Erfolg stellte sich bei mir nicht ein: mit Grauen denke ich an die Qualen der „musikwissenschaftlichen" Veranstaltung und sage heute wie im Oktober 1892: „Nie mehr, nie wieder!" Mit einer gewissen Scheu wich ich seither Musikausstellungen aus und gönnte anderen die „Freuden" und „Anerkennungen". Nicht einmal die gesellschaftlichen Veranstaltungen im Park der Ausstellung hatten einen Anreiz für mich — ich überließ sie meinen reichsdeutschen Mitarbeitern, die sie in vollen Zügen genossen. Nach meiner Tagesarbeit eilte ich in meine stille Klause und ließ die landschaftlich reizvollen Bilder des Praters an meinem inneren Auge vorbeiziehen...

Seither hat in der musikgeschichtlichen Literatur die „Bebilderung" (so lautet der neudeutsche häßliche Name) einen breiten Raum eingenommen. Es gibt heute Musikgeschichten, die gleichsam „betextete" Bilderbücher sind. Auch ich mußte in meinem „Handbuch der Musikgeschichte" sowie in den Publikationen der „Denkmäler" darauf billige Rücksicht nehmen — das ist der Fluch der bösen Tat. Mit diesen Bemerkungen will ich nicht die Musealarbeit, die der Geschichte der Musik und ihrer Schwesterkünste dient, abfällig beurteilen. Die Instrumentenmuseen, das Auflegen von Autographen, Dokumenten, Erinnerungsstücken und so weiter, haben ihre Verdienste und auch letztere finden ihre Liebhaber.

Ich war 1892 dem Rufe der Regierung meines Vaterlandes mit Gehorsam gefolgt und bin dem wissenschaftlichen Ernst treu geblieben; für meine Arbeit habe ich in keinerlei Form auch nur einen Kreuzer Honorar erhalten; wenigstens haben jüngere Kräfte einen Verdienst gehabt.

Die dritte Stütze für die bibliographischen Vorarbeiten im Dienste der Denkmäler und für ihre Ausgestaltung bildete die Erwerbung der sechs Trienter Codices, die F. X. Haberl als erster (1885) entdeckt hatte, durch das Ministerium für Kultus und Unterricht. Das Domkapitel wollte sie ins Ausland verkaufen und ich hatte dagegen in der Öffentlichkeit meine Stimme erhoben. Am 1. Oktober 1891 wurde ich ersucht, hierüber Vorschläge zu erstatten. Das Ministerium kaufte sie um einen hohen Preis und ließ sie in der Bibliothek des Trienter Domkapitels. Am 22. Jänner 1892 wurden mir die sechs kostbaren Codices „zur allfälligen ganzen oder teilweisen Publikation übertragen... Die Kosten für die wissenschaftlichen Arbeiten sind aus den seitens des Ministeriums für Kultus und Unterricht für die Herausgabe der ‚Monumenta historiae musices' bewilligten Mittel zu bestreiten". Zur Bewerkstelligung dieser Aufgabe waren auch ausgedehnte Reisen in fast allen europäischen Kulturstaaten behufs Erlangung des Vergleichsmateriales geboten. Wenn ich schon seit Inangriffnahme der Vorarbeiten für die Denkmäler einen Stab junger Mit- und Hilfsarbeiter heranzog, so mußte ich jetzt die Hilfeleistung noch erweitern. Ich zog Oswald Koller, damals Mittelschulprofessor in Kremsier, heran, der dann nach Wien versetzt wurde. Er blieb bis zu seinem Tode (1910) mein ständiger Arbeitsgenosse in der Herausgabe der Trienter Codices, die einen wertvollen Teil unserer Denkmäler bilden.

Die Codices enthalten 1500 geistliche und weltliche Kompositionen des 15. Jahrhunderts und sind für die Kenntnis der Musikgeschichte von unschätzbarem Werte. Sie waren vorerst in Innerösterreich angelegt und wurden von dem nach Trient berufenen Bischof Hinderbach mitgenommen. Die Notisten waren Wiser und Puntschucher.

Gemäß einer Bestimmung im Friedensvertrag (nach dem Weltkrieg) gingen die Codices in italienischen Besitz. Die italienische Regierung überließ die Veröffentlichung den „österreichischen Denkmälern" mit Rücksicht „auf ihre besonderen Verdienste um die Publikation". Das Trienter Domkapitel fand in seinem Besitze einen 7. Codex und stellte ihn den „Denkmälern" zur Verfügung.

„In ihrem die führenden Komponisten aller Nationen und Werke aller musikalischen Gattungen der Zeit umfassenden Aufbau repräsentieren die Trienter Codices einen völlig neuen Handschriftentypus, der sich von den vorangehenden zentralen Quellen, deren Repertoire nur einer lokal oder zweckhaft begrenzten Bestimmung zu dienen hatte, wesentlich unterscheidet. Sie stellen damit ein anschauliches Dokument der neuen, universalen Musikgesinnung des anbrechenden Humanismus dar. Da die Fülle des in den Codices enthaltenen Materiales eine Herausgabe des ganzen Inhaltes in absehbarer Zeit ausschloß, erwies sich bei den Editionen das Prinzip der Auswahl und Zusammenfassung der Kompositionen nach bestimmten Gattungen als besonders geeignet. Nachdem in der umfangreichen ersten Auswahl (Jg. VII, Bd. 14/15) eine Überschau aller vorkommenden Stilformen und -gattungen geboten worden war, waren die folgenden (Jg. XI/1, Bd. 22, XIX/1, Bd. 38, XXVII/1, Bd. 53, XXXI, Bd. 61, XL, Bd. 76) vor allem der zeit- und stilgeschichtlichen Erkenntnis der Einzelformen (weltliches Lied, zyklische Messe, Motetten und Hymnen, frühe Messen) gewidmet[2]."

Die Editionstechnik wurde in den letzten 40 Jahren immer mehr vervollkommnet und in den letzten drei Auswahlen zu einer gewissen Vollendung gebracht.

Wie bei den „Trienter Codices", so vervollkommnete sich das Editionsverfahren auch in allen anderen Gruppen unserer Denkmäler, wenngleich an den Grundprinzipien festgehalten wurde. Dies gilt nicht nur von der spezifisch wissenschaftlichen Arbeit, sondern auch von der mehr künstlerischen Ausführung bei Werken mit Basso Continuo, zu der bei einzelnen Bänden auch Künstler herangezogen wurden. Der „Revisionsbericht" wurde auf das Nötige beschränkt. Es ging nicht an, bei allen Werken das ganze Vergleichsmaterial zum Abdruck zu bringen, sonst hätte der Revisionsbericht den Notenteil überwuchert und die Fortführung der Denkmäler gefährdet.

Auch in den Einleitungen und Vorreden, die biographisches und kunsthistorisches Material enthalten, erwies sich Maßhalten als notwendig. Die ursprüngliche Absicht, „Regesten" herauszugeben, wurde wegen der Belastung des Notenteiles seit 1913 insofern ausgeführt, als eigene „Studien zur Musikwissenschaft, Beihefte der Denkmäler" ediert werden, die besonders stilkritische Untersuchungen bringen und wichtige Beiträge zur Geschichte der Musik in Österreich enthalten. Dies wurde von anderen Denkmälerunternehmungen nachgeahmt — die neugegründeten „italienischen Denkmäler" bringen neben den Bänden der eigentlichen „Monumenti" eigene Bände für die „Documenti". Um den Abnehmer unserer Denkmäler über die kunsthistorische Stellung einzelner Bände rasch zu orientieren, werden bei uns kurze Einbegleitungen an die Spitze gestellt.

---

[2] Aus der „Vorbemerkung" zur 6. Auswahl.

Drückende Sorgen erfüllten mich wegen Deckung der Auslagen. Die Kaiserwerke waren im Verlage von Artaria & Co. in Wien erschienen, von der Firma Breitkopf & Haertel in Leipzig hergestellt. Die Regierung hatte den Verlegern 1900 Gulden bewilligt, während ich den Betrag von 1295 Gulden zur Deckung der Kopien und Sparten und eines Teiles der Reisespesen erhielt und angewiesen wurde, „Mehrbeträge mittels der für die Denkmäler bewilligten Jahressubvention von 1000 Gulden zu bestreiten". Für mich war kein Honorar bewilligt und ich hörte später, daß Philipp Spitta für die Ausgabe der beiden dünnen Bände der musikalischen Werke von Friedrich dem Großen einen Ehrensold von siebentausend Mark erhielt. Ohne eine Erhöhung der Subvention für die Denkmäler war an die Herstellung nicht zu denken. Mit den seit 1890 bewilligten Jahresdotationen von je 1000 Gulden sollte das Auslangen gefunden werden. Das Ministerium verlangte für die Denkmäler die Herstellung im Inlande. Als Verleger wurde, wie bei den Kaiserwerken, die Firma Artaria & Co. herangezogen, deren jüngerer Chef, Carl August Artaria, seit der Jugend mir eng befreundet, mit mir kommerziell die Sache beriet und seit der Gründung bis zu seinem Tode (1917) Kassier des Unternehmens war. Die Firma hatte sich seit langem von dem Musikalienverlag zurückgezogen, hatte nur einen Rest der Verlagswerke aus der klassischen Glanzzeit behalten, den sie später abstieß. Als angesehene Kunstfirma konnte sie den Verlag übernehmen, und so blieb es, bis vom Jahre 1905 an auch die Firma Breitkopf & Haertel als Mitverlegerin am Titel verzeichnet wurde. Zur Herstellung wurde die aufstrebende Offizin von Josef Eberle in Wien herangezogen. Es galt, neue, ungewohnte Aufgaben zu erfüllen. Der strebsame Eberle unterzog sich ihnen mit Verständnis und mit stetig steigendem Gelingen. Durch meinen langjährigen Verkehr bei Friedrich Chrysander, der im eigenen Hause die Händel-Ausgabe herstellte, sowie durch meine Erfahrungen bei Herausgabe der Vierteljahrsschrift und der Kaiserwerke über die Bedürfnisse des Notenstiches und der ganzen Herstellung unterrichtet, konnte ich mit Josef Eberle alle Details beraten und jeden Mangel besprechen. Die Firma erweiterte sich später und wurde eine Aktiengesellschaft unter dem Titel „Waldheim-Eberle", während der Gründer aus der Firma schied. So trugen unsere Denkmäler wesentlich zur Hebung des Gewerbes und der Industrie bei.

Nach dem Tode von August Artaria übernahm nach einem kurzen Zwischenraum, in dem Dr. Ernst Kraus (Vizepräsident der Gesellschaft der Musikfreunde) die Kassa führte, und als die Firma Artaria den Verlag aufgab, Emil Hertzka als Direktor der Universal-Edition die Kassierstelle — in deren Verlag seither die Denkmäler erscheinen. Nach dessen Tod 1932 trat Hugo Winter, einer der Direktoren dieser Edition, in dieses Amt. Der Titularverlag der Firma Breitkopf & Haertel war indessen gestrichen worden.

Die Sorge für die wissenschaftliche Herausarbeitung blieb mir überlassen. Es tat mir in der Seele weh, wenn ich an die Kassa für wissenschaftliche Arbeiten minimale Beträge anweisen mußte, und ich schämte mich, auf die Nullziffer meiner Einkünfte als Leiter hinzuweisen. Ich wollte niemandem gegenüber von der Enge der Verhältnisse Mitteilung machen, denn das hätte bei Freunden und Feinden Anlaß geben können, den Wert unserer Denkmäler herabzusetzen — da für wenig Geld eben wenig geleistet werden könne. Von diesem Standpunkt aus konnte ich in einer Denkschrift von Friedrich Chrysander (im Jahre 1897 an das preußische Ministerium gerichtet) mit Befriedigung lesen, daß unsere Denkmäler „anscheinend sehr liberal" durch das Ministerium unterstützt würden. Nun, die Verhältnisse besserten sich allmählich. Im Jahre 1893 erhielten wir 1000 Gulden Staatssubvention. Im Jahre 1894 hatte die Kommission 5000 Gulden angesprochen, wir erhielten 3000 Gulden. Friedrich Chrysander beantragte im Verein mit einigen Fachgenossen zur Weiterführung der, wie oben angeführt, im Jahre 1894 unterbrochenen preußischen Denkmälerarbeit im Jahre 1897 beim königlich preußischen Ministerium die Bewilligung der jährlichen Mittel im Betrage von 15.000 Mark. 1900 wurde dort der Jahresbetrag von 32.000 Mark eingestellt. Dabei hatten die Verleger für Satz und Druck (volle Herstellung) zu sorgen. Am 23. Januar 1900 wurde mir über Initiative von Wilhelm Ritter von Hartel zum ersten Male ein Ehrenhonorar von jährlich 1600 Kronen zugewiesen.

Von den ökonomischen Sorgen während der Kriegs- und Folgejahre möchte ich lieber nicht sprechen. Die Subvention schmolz immer mehr — je größer die Ziffern wurden. Welch trübe Folgen hatte die Inflation! Während das Papiergeld immer mehr anschwoll — konnten wir das Papier für den Druck im Inland nicht beschaffen. Da wandte ich mich an den Präsidenten der tschechoslowakischen Republik, in der Papierfabriken arbeiteten. Und wirklich wurde das tschechoslowakische Handelsministerium bevollmächtigt, einen Waggon Papier nach Wien rollen zu lassen — die Firma Nettl in Hohenelbe sorgte für die Auswahl. So konnten wir ununterbrochen drucken lassen und auch der Firma Waldheim-Eberle kam die preiswerte Überlassung zugute. Von unseren Subskribenten fielen der Hof, der Adel und ein Großteil des Bürgertums ab. Die Bibliotheken und Universitätsinstitute blieben uns zum Teil treu. Da ergab sich ein teilweiser Ersatz durch die aufstrebende Wissenschaft und einzelne hochsinnige Künstlerorganisationen in Amerika, dem gesegneten Lande der Privatmäzene, so Mrs. Sprague Coolidge. Allein das Budget blieb bis heute eine klaffende Wunde. Im Jahre 1922 schrieb ein reichsdeutscher Gelehrter, „es grenze fast ans Wunderbare, wie die österreichische Publikation in diesen gerade dieses Land am härtesten treffenden schweren Verhältnissen sich behaupte, an dem alten Herausgeberplan festhalte und wie wichtig und unentbehrlich sie sei..." (Archiv für Musikwissenschaft IV, 397 ff.). In einem Schreiben vom 7. März 1934 drückt ein bayrischer geistlicher Herr (namhafter Musikgelehrter) „seine Bewunderung dafür aus, wie die Leitende Kommission in diesen schwierigen Zeitläuften die Denkmälerpublikationen weiterzuführen vermöge". Die Antwort will ich am Schluß dieses Abschnittes über die Denkmäler zu geben versuchen.

Zwei Gruppen, die im Vorwort unserer Denkmäler in unser Programm aufgenommen sind, konnten ausgeschieden werden:

1. Sammlung von Volksgesängen und Kirchenliedern aus früherer Zeit. Für diese wurde von der Regierung eine eigene Kommission (der ich nicht beitrat) eingesetzt, die unter die Leitung eines Beamten und eines emeritierten Gymnasialprofessors gestellt wurde. In dem von mir auf Ersuchen des Ministers von Hartel verfaßten Memorandum schlug ich Wege vor, die dann nicht eingehalten wurden.

2. Der Plan der Ausgabe von Quellenschriften wurde später über Anregung F. X. Haberls von der preußischen Kommission aufgenommen und wegen gemeinsamer Durchführung an uns geleitet. Er wich von dem von mir im Memorandum vorgeschlagenen wesentlich ab, indem das ganze mittelalterliche Material neu ediert werden und man sich auf diese Zeit beschränken sollte.

Unsere Kommission hat in gemeinsamem Vorgehen mit der königlich preußischen musikhistorischen Kommission Vorarbeiten für die Ausgabe eines „Corpus scriptorum de Musica" in Angriff genommen und wurde hierin von der kaiserlichen Akademie der Wissenschaften unterstützt, geradeso wie es im Deutschen Reiche der Fall war, wo die königlich preußische Akademie der Wissenschaften ebenfalls die Vorarbeiten gefördert hat. Es wurde eine eigene Subkommission eingesetzt. Als „Leiter der Publikationen" wohnte ich einer Vorberatung bei, an der nebst den Mitgliedern der preußischen Subkommission für das Corpus auch Vertreter der königlich preußischen Akademie der Wissenschaften in Berlin teilnahmen. Ich wurde ersucht, eine Reise nach England, Frankreich und Italien anzutreten, um die Unterhandlungen wegen Organisation der Herausgabe des „Corpus scriptorum de Musica" zu führen. Eine Arbeitskommission wurde gebildet, die unter Leitung eines Vorstandes stand, deren Vorsitz mir übertragen wurde. Kassier war Artaria. Bibliographische Vorarbeiten wurden in Angriff genommen, die von Reichsdeutschen und Österreichern besorgt wurden. Sie führten auch nach England, Frankreich, Italien, Spanien, Rußland, auch polnische Archive wurden besucht. Von den Beratungen liegen Protokolle vor: Wien 1909, 1913, 1914, München 1910,

London 1911. Der Weltkrieg brachte alles ins Stocken. Die Folgezeit vernichtete das noch vorhandene Vermögen: 15.263 Kronen schmolzen auf Schilling 1.60 zusammen. Am 30. März 1927, während der Beethoven-Zentenarfeier, konnte ich folgende Herren zu einer Beratung bitten: Abert, Anglès, J. B. Beck, Ficker, Gombosi, Gurlitt, Haas, Handschin, Kroyer, H. J. Moser, H. Müller, Schering, Ursprung, P. Wagner, Weinmann, Joh. Wolf. Es konnten nicht erscheinen: Amelli, Blanchard, Chybinski, Dent, Gasparini, Gastoué, Jachimecki, Mathieu, Norlind, Sandberger, C. Stainer, Wooldridge. Unsere Besprechungen brachten es nicht über Wünsche und Ratschläge hinaus. In Liège fand dann noch eine Besprechung statt. Das gesammelte Material wird jetzt in einem Raum der Wiener Akademie der Wissenschaften aufbewahrt. Es harrt wie Dornröschen des Erweckers — aber er muß belebende Mittel mitbringen.

Eine stattliche Zahl von Aufführungen aus den bisher veröffentlichten Denkmälerbänden ist zu verzeichnen, die sich über alle Kulturgebiete bis Amerika erstrecken. Diesen Bestrebungen kamen einzelne der von uns veranstalteten Volksausgaben zustatten, die die praktischen Bedürfnisse berücksichtigen. Einige Bearbeiter ersuchten um die Erlaubnis der Entnahme von Werken für Populäreditionen, die die Leitende Kommission ohne materielle Bedingungen erteilte. Andere benützten die Denkmäler ohne vorherige Anfrage und verzeichnen wenigstens die Quelle am Titel. Aber ein beträchtlicher Teil benützt unsere Publikationen, ohne die Quelle zu nennen. Bei Kirchenwerken kann man das hinnehmen. In der Folgezeit wurde der Versuch gemacht, bei weltlichen Werken das Copyright geltend zu machen. Die Popularisierung historischer Werke ist zu fördern, sofern diese dafür taugen. Die streng wissenschaftliche Auswahl des zur Veröffentlichung gelangenden Materials, die nebst Werken der Vollendung eines Stils auch solche des Überganges und der Vorbereitung in gewissenhafter Weise berücksichtigen muß, kann nicht immer die Eignung für praktische Aufführungen berücksichtigen. Dieser Standpunkt wurde auch von

Hermann Kretzschmar eingenommen, als er bei der zwanzigjährigen Gründungssitzung unserer Denkmäler (Protokoll vom 19. November 1913, veröffentlicht) als Vorsitzender der preußischen Kommission und Vertreter der preußischen Regierung in einer bemerkenswerten Rede hervorhob, daß unsere Denkmäler dem Studium und der Praxis eine ansehnliche Menge wichtigen Materials unterbreitet haben und auch die Schule einer stattlichen Reihe junger Männer geworden sind..., „eine Macht, deren Walten in der Musik von Jahr zu Jahr stärker zu spüren ist". Eine ganze Reihe von rührenden Lobes- und Anerkennungsworten ist in der Rede enthalten, deren wertvollste mir folgende sind: „Fülle, Mannigfaltigkeit und Güte des Publikationsmaterials, Raschheit, Stetigkeit, glückliche Auswahl und nicht minder glückliche Ausführung..." „Ein Vorbild für andere Denkmälerunternehmungen..." Darf ich darin meine Antwort auf die oben (S. 70) angeführte Frage sehen?

Seit dem Tage, da diese Worte gesprochen wurden, sind zwanzig Jahre vergangen. Wir sind nicht stillgestanden, haben unser Programm ausgeführt, teilweise restringiert, teilweise erweitert. Aus Rußland kam 1925 ein Musikforscher (Assafieff-Glebow), der einige Wochen mit mir arbeitete, um sich behufs Einrichtung russischer Denkmäler der Tonkunst vorzubereiten.

Ich muß es mir versagen, hier den Inhalt und die Bedeutung der bisherigen 79 Bände (darunter einige Doppelbände) zu charakterisieren. Auf dem Rückblatt jedes Bandes steht das gesamte Inhaltsverzeichnis: es umfaßt alle Gattungen der Tonkunst, angefangen von den Minnesingern bis zum Ausgang der Wiener klassischen Schule und dem Anfang der Romantik. In einem Falle haben wir unser Programm, das an der Spitze unseres ersten Bandes auseinandergesetzt wurde, zeitlich überschritten: durch die Aufnahme von vier Bänden, enthaltend Meisterleistungen der Wiener Tanzmusik in ihrer Hochblüte: Lanner, Johann Strauß Vater und Sohn und Josef Strauß. Bis dahin war nicht Eine Partitur veröffentlicht, nur Klavierauszüge. Nun ist das Eis gebrochen und es fließen nur so die Verlagsunternehmungen mit Fortsetzungen oder — Partiturabdrucken aus unseren Denkmälern. Die Funkaufführungen benützen sie und sollten auch mehr den übrigen Bänden entnehmen. Im Musikalienhandel sind von den 79 Foliobänden über 50 vergriffen.

Ich kann diesen Überblick über die Geschichte unserer Denkmäler nicht schließen, ohne allen zu danken, die die Inswerksetzung förderten, besonders den Mitarbeitern oder (wie ein Reichsdeutscher sagte) „Adlers Generalstab". Ihre Namen stehen auf den Titeln, vorerst als „Herausgeber", dann über Anordnung eines Vorsitzenden der Leitenden Kommission (Baron Bezecny) als „Bearbeiter" bezeichnet — mit der Begründung, daß die Denkmälergesellschaft der Herausgeber sei. Bei einzelnen Bänden sind zwei Bearbeiter beteiligt. Die Namen lauten: H. Abert, E. v. Bezecny (7), H. Botstiber (3), A. Einstein, R. v. Ficker (3), W. Fischer, H. Gál (2), K. Geiringer, R. Haas (7), J. E. Habert (3), K. Horwitz, P. C. Huigens, O. Kapp, P. A. M. Klafsky (2), A. Koczirz (2), O. Koller (4), H. Kraus, E. Luntz (2), E. Mandyczewski (2), J. Mantuani (6), P. Nettl, L. Nowak, A. Orel (2), L. H. v. Perger, P. A. Pisk, W. Rabl, K. Riedl, H. Rietsch (4), K. A. Rosenthal, I. Schlaffenberg, A. W. Schmidt, W. Schmieder, M. Seiffert, A. v. Webern, K. Weigl, E. Wellesz, J. Wolf, G. Adler (16), darunter fünf Reichsdeutsche. Mit Vorarbeiten zu Ausgaben sind ferner betraut: P. N. Hofer, W. Jarosch, K. Jeppesen, F. Kosch, J. Lechthaler, V. Luithlen, S. Nadel, C. Schneider, W. Senn, P. A. Weißenbäck und andere. Von Bearbeitern des Basso Continuo seien genannt: J. E. Habert, J. Labor, C. Nawratil, H. Rietsch, von wissenschaftlichen Revisoren älterer deutscher Texte: A. Pfalz, J. Schatz, E. Wießner.

Eine erfreuliche Begleiterscheinung war der Verkehr mit einer Reihe von Männern, die in Beziehung standen und stehen mit unserer Unternehmung, Mitgliedern der Leitenden Kommission. Von führenden Künstlern: Brahms, Mahler, Richard Strauß; neben verschiedentlich schon genannten Persönlichkeiten gehören der Leitenden Kommission noch an: Constantin Dumba, Wladimir von Globocnik, Karl von Hartel, Hans Hirsch, Dietrich von Kralik, Oswald Redlich; Regierungsvertreter ist Karl Kobald.

Besonderes Glück hatte die Kommission mit den Vorsitzenden, deren Wahl ich vorschlug: Hanslick (1893—1897), Baron Bezecny (1897—1904), Bischof Mayer (1904—1912), Graf Wickenburg (1912—1918), Kardinal Erzbischof Piffl (1918—1932) und jetzt Kardinal Erzbischof Innitzer. Unter ihnen sind drei hohe geistliche Würdenträger; dieser Verkehr war und ist erhebend. Eine solche edle Hingabe und stete Bereitschaft, mitzuraten und der Sache zu dienen! Alle heiklen kunstpolitischen Angelegenheiten besprach ich mit ihnen. Wie dankbar ihre Anerkennung meines Eintretens für die kirchliche Kunst! Ich bin auf gleiche Verteilung bedacht — von den ungefähr 15.000 Notenplatten (bis 1933) ist ungefähr die Hälfte der kirchlichen (geistlichen) Tonkunst gewidmet, nicht in äußerlicher Überlegung, sondern aus gewissenhafter Erfüllung der musikhistorischen Forderungen. Mit Bischof Mayer verband mich eine innige Gesinnungsgemeinschaft. Er war wie die Äbte Helferstorfer und Karl (Melk) von „altliberaler" Gesinnung. Die beiden letzteren waren Matadore der Partei, gewissermaßen meine Vorbilder in politicis; ich selbst blieb jeder politischen Tätigkeit zeitlebens fern — ich hatte andere Missionen zu erfüllen. Kardinal Piffl, der um zehn Jahre jünger war als ich, behandelte mich gleichsam wie einen Vater. Nach dem Umsturz kam ich zu einer Beratung, die er mit den Worten begann: „Ich trete zurück, da ich bei den jetzigen Zeitumständen der Unternehmung schaden könnte." Ich war bestürzt und erhob Einsprache und bat, von seiner Absicht abzustehen, da nach meiner Überzeugung kein Grund für seinen Rücktritt sei. Als er beharrlich blieb, erklärte ich, daß ich momentan ins Staatsamt (Unterrichtsministerium) gehen wolle und wohl bald zurückkehren werde. Er war einverstanden und nach einer halben Stunde erschien ich mit der Erklärung, daß meine Anschauung voll berechtigt sei. „Gut, ich bleibe." Die Episode war abgeschlossen. Als losen Anhang führe ich folgendes an: der grundgütige edle Herr eröffnete in den letzten Jahren eine Unterredung mit den Worten: „Da war letzthin ein Herr L... bei mir und wollte mir einiges erzählen, er hatte aber nicht ausgesprochen, so war er schon bei der Türe draußen. Professor, wenn Sie je, angewidert von Intrigen, daran denken sollten, Ihre Last abzuwerfen, zurückzutreten, so erkläre ich bündig, daß ich nicht eine Minute länger bei den Denkmälern bleibe." Wir blieben bis zu seinem allzufrühen Tode vereint.

Mit meiner seligen Gattin, der treuen, edlen Gefährtin meines Lebens, besuchte ich die Grabstätte des Kardinals im einsamen Waldfriedhof bei der erzbischöflichen Sommererholungsstätte Schloß Kranichberg (Gloggnitz). Da sahen wir vor dem einfachen Grabe einen knienden Knaben, der mit Inbrunst betete. Wir waren ergriffen und begegneten uns in dem Gedanken: „DER hat's verdient."

Meine Betrachtungen über die Denkmäler seien beendigt. Ich schließe mit den Worten:

„Gottes Segen lag über unseren Denkmälern —
Dürfen wir für die Zukunft hoffen?"

Wir wollen auch fürder der Kunst, der Wissenschaft, dem Vaterlande dienen.

V.

Ich hatte nie große Neigung, dicke Bücher zu schreiben. Nur das, wozu mich meine Forschungen drängten, veröffentlichte ich: Einzelabhandlungen und Einzelvorträge erschienen gleichwohl in Menge. So hatte ich vorerst nicht daran gedacht, meine akademischen Vorlesungen über Richard Wagner in Buchform erscheinen zu lassen. Sie waren das Ergebnis einer dreißigjährigen Denkarbeit und eines begleitenden Gefühlsprozesses. Da kam Hermann Kretzschmar nach Wien und ich zeigte ihm das Manuskript. „Das muß heraus! Die erste objektive, streng historische Erfassung dieser Erscheinung." Ich ließ mich überreden, und so gaben Breitkopf & Haertel 1904 mein erstes Buch heraus. Vorher hatte ich einzelne Studien über Wagner-Themen veröffentlicht, bin aber mit meinem umfassenden Kolleg erst hervorgetreten, als ich die Überzeugung gewann, daß ich von meinem Altar (der Lehrkanzel) der Hörerschaft etwas Ausgereifteres zu bieten imstande sei.

„Wir haben nicht f ü r, noch weniger g e g e n, sondern ü b e r Wagners Kunst zu sprechen", sagte ich eingangs der ersten Vorlesung. „Mit Lust, Freude und Teilnahme wollen wir ihm folgen" — denn dies ist, wie Goethe an Schiller (14. Juni 1796) schrieb, das „einzig Reelle, das wieder Realität hervorbringt; alles andere ist eitel und vereitelt nur". Mein Hauptziel war, in das innerste Wesen seiner Kunst einzudringen, seinen Charakter als Mensch und Künstler aufzudecken, seine Stellung in der Geschichte der Musik, des Dramas und der Kultur zu kennzeichnen, ihn in das Gesamtbild der Oper seit ihrer Einführung als dramma per musica in der Renaissance, als Teilerscheinung in die deutsche Romantik einzufügen. So war die Stiluntersuchung der fixe Punkt, von dem aus die Einsicht und Erkenntnis in möglichst exakter Weise sowohl als Einzelerscheinung wie im Universalbild zu gewinnen war. Als Individualität zeigte Wagner die drei typischen Phasen: der Anlehnung an Vorbilder, der wachsenden Entfaltung und der vollen Eigenreife und Selbständigkeit. Die wichtigsten Stilkriterien wurden angelegt, um die Sicherheit der Untersuchung zu fundieren. Die Stilbehandlung in diesen drei Phasen wurde in den Einzelwerken in ihrer Eigenart erörtert. Im Mittelpunkt des Wagnerschen Schaffens steht, wie er selbst sagt, die Musik, die der Schlüssel für alle Räume seines Kunstbaues ist. Mit und neben ihr die Dichtkunst, die Dramatik, die Stoffkreise — also das „Gesamtkunstwerk". Blicke werden geworfen auf Wagner als Schriftsteller, als Dirigent, als Politiker, als Reformator und (wie er in der Literatur manchmal genannt wird) als „Regenerator", mit einem Wort als Kulturerscheinung. Die Widersprüche in seinen Schriften („Mein Leben ist ein Meer von Widersprüchen"), seine historischen Irrtümer werden aufzudecken gesucht — immer in Ehrerbietung vor seinem idealen Kunstringen und seiner deutschen Eigenart, die ihn nicht hinderte, in seine Werke Einflüsse der Kunstwerke anderer Nationen aufzunehmen, auch noch in sein letztes Werk. Die Schilderung seines Charakters als Mensch und Künstler, die mehrmals abgedruckt wurde, ist mit hingebungsvoller Liebe und Verehrung behandelt. Mein ehrliches Streben nach Wahrheit und Objektivität fand wohl die Anerkennung und (darf ich es sagen?) die Bewunderung einer Reihe kompetenter Richter, aber nicht die Zustimmung der „Wagneriten" (wie ich sie nannte). Am 7. Januar 1907 erhielt ich von einem Herrn des Verlages die Mitteilung, daß mein Buch „von den Trägern der Wagner-Bewegung stillhin bekämpft wird, laut geht das nicht so ohne weiteres". Schon zwei Jahre vorher hatte mir ein unbekannter, in Bonn ansässiger Herr Albert Pfeiffer (30. August 1905) aus Bayreuth, wo er Material für eine „Liszt-Schrift" behufs Errichtung eines Denkmales sammelte, geschrieben: „Die eigentlichen Bayreuther und Cosimaner stemmen sich, wie Ihnen bekannt sein wird (mir war nichts bekannt), gegen Ihr Buch..." So ganz unbegreiflich war das nicht, denn in meinem Buch hatte ich geäußert: „Wagner steht über Bayreuth." Diesem Kreise stand die publizistische Tätigkeit H. St. Chamberlains näher, besonders seit er der Familie Wagner angehörte. Er war, als er in Wien lebte, einige Male in mein Haus gekommen und wir erörterten einige heikle Fragen. Ich hatte meinen „Wagner" nicht auf schiefe „Grundlagen" gestellt, wie er sein „19. Jahrhundert" — ein Buch, das auf die akademische Jugend vielfach verwirrend wirkte. Freude bereitete mir das Erscheinen meines Buches in französischer Sprache (1909) — von Louis Laloy vortrefflich übersetzt, so daß ich das Wort eines Großen über eines seiner Werke zitieren möchte: ich lese es fast lieber in der Übersetzung als im Original. Allein diese Ausgabe war, wie André Coeuroy 1923 (Revue musicale V, 92) schrieb, „introuvable" — wie die erste deutsche Ausgabe „de cet ouvrage fondamental épuisé". Endlich dachte ich daran, die Fortexistenz meines Buches zu sichern. Die Originalverleger hatten sich nicht gemeldet. Da vermittelte 1923 ein Freund das Neuerscheinen im Drei-Masken-Verlag — in der Zeit der Papiernot, der „Papierkorruption". Für diese Ausgabe machte ich einige unwesentliche Ergänzungen. Der kurzen Erwähnung der Frau Cosima in der ersten Auflage fügte ich in der zweiten Auflage folgendes bei: „eine geistig regsame, diplomatisch gewandte Weltdame, die die Früchte von Wagners Produktion zu sammeln, seine eruptive Natur im Verkehr mit der Außenwelt, besonders mit den ausübenden Künstlern, zu glätten verstand. Sie war in der Zeit von Wagners aufs höchste wachsender Machtstellung an seine Seite getreten, genoß alle Vorteile seines Ruhmes und vermochte sich vermöge ihrer theatralischen Anlage eine gewisse Gewandtheit bei der szenischen Einrichtung der Aufführungen anzueignen, die es ermöglichte, daß sie nach des Meisters Tode Beherrscherin der Bayreuther Festspiele wurde und im Dienste der Fortführung dieser Spiele sich Verdienste erwarb. Ihren Eigenwillen vermochte sie sogar bei einzelnen Männern durchzusetzen, die aus Pietät für den Meister oder aus Begeisterung für die Sache ausharrten; andere konnten bei aller Hingabe an Wagners Kunst kraft ihrer höheren Überzeugung und Einsicht sich dieser Machtherrschaft nicht zu eigen geben." 1911 war Wagners „Mein

Leben" erschienen, das zwischen 1865 und 1879 geschrieben und nur in wenigen Exemplaren für die „Intimsten" als „Manuskript zugänglich war". Der erste Teil behandelte die Jahre 1813 bis 1842, der zweite 1842 bis 1850, der dritte 1850 bis 1861. Der begeisterten englischen Apologetin Wagners, Mary Burrell, war Einsicht gewährt und sie kam in ihrem in Hochfolio üppigst ausgestatteten Prachtwerk (vorerst als Privatdruck) 1898 zu dem Resultat: „Richard Wagner is not responsible for the book", das sie mit einem Adjektiv versieht, das ich aus Pietät nicht wiedergeben will. Der erste Teil, bis zum Eintritt von Mathilde Wesendonck in sein Leben, brachte einiges Neues. In den folgenden Teilen häufen sich Widersprüche mit beglaubigten Briefstellen und historisch-kritischen Feststellungen. Die übrige Wagner-Literatur brachte mir, soweit ich sie zu Gesicht bekam, nichts Neues. Einige in der Zwischenzeit erschienene Briefsammlungen konnte ich berücksichtigen. Habent sua fata libelli.

In der meinem Buche nachfolgenden Literatur finde ich (soweit ich sie kenne) da und dort den Einfluß meiner historischen Errungenschaften. Meine Ausdrucksweise ist äußerst gedrungen: aus manchen Sätzen hätte ich eine Separatabhandlung machen können; desto besser, wenn es andere tun. So sind aus den Grundsätzen meiner Anschauung von Formen und „Formungen" (wie ich unterscheide) lichtvolle Spezialuntersuchungen anderer ausgegangen, wie mir ein tüchtiger Fachmann selbst sagte. Dies ist ein besonders wertvolles Ergebnis in der stets fortschreitenden Wissenschaft.

Meine übrigen biographischen Essays sind von den gleichen Tendenzen erfüllt, wie mein schlichtes Wagner-Buch: Abhandlungen und Einzelvorträge. Sie beginnen 1885 mit dem Doppelbild Bach-Händel und gehen (vorläufig?) bis zu Brahms (1933). Besondere Aufmerksamkeit widmete ich den drei Wiener Klassikern Haydn, Mozart, Beethoven. Lange Zeit trug ich mich mit der Absicht, über letzteren ein Separatwerk zu schreiben, sammelte Stöße von Material und entwarf Skizzen. Es kam nicht dazu. Ich war fast erdrückt von meinen Verpflichtungen. So mußte ich mich auf Einzelabhandlungen (auch Reden) beschränken. Die Zusammenfassung gab ich dann in der großen Studie „Die Wiener klassische Schule" in meinem Handbuch (1924). Von Zeitgenossen widmete ich eine Studie meinem treuen Freunde Gustav Mahler, die ich über dringendes Ersuchen meines Freundes Anton Bettelheim für das von ihm geleitete „Biographische Jahrbuch" (1916, also nach Mahlers Tode) schrieb. Auf gleiche Anregung hatte ich 1899 in diesem Sammelwerk Johann Strauß eine Abhandlung gewidmet — sie war mir eine Herzenssache, wenngleich ich den urösterreichischen Meister nicht persönlich kannte. In demselben Rahmen erschienen auch über Ersuchen des Herausgebers Studien über Fachgenossen: Chrysander 1904, Hanslick 1907, Ambros 1930 — von denen ich den Erstgenannten persönlich nahestand, während die Werke des Drittgenannten mir ein wichtiger Behelf für die Einführung in die Epoche der Niederländer waren. Alle drei begleiten mich geistig bis zu meinem Lebensabend. Bei Hanslicks Persönlichkeit schätze ich besonders hoch, daß er das Thema „Wagner" in unserem Verkehr nie berührte — er fühlte zartsinnig, daß ein Gedankenaustausch über dieses Thema unser Verhältnis trüben könnte. Nur einmal machte er sich, wie mir erzählt wurde, den Spaß, dem Dichter Bauernfeld für die Figur eines „verliebten Wagnerianers" in einem seiner Stücke den Namen „Guido" zu suggerieren. Ein unschuldiges Vergnügen, das die Heiterkeit der „Eingeweihten" erregte. Von schaffenden Tonsetzern widmete ich Einzelstudien dem heißgeliebten Franz Schubert, meinem Lehrer Anton Bruckner, meinen Freunden Josef Labor, Karl Nawratil und Anton Rückauf. Immer beobachtete ich eine gewisse Distanz: ich sah, sobald ich schrieb, den Künstler oder Gelehrten auf einem Piedestal vor mir stehen. Ich bin sehr vorsichtig in der Lektüre und folge darin meinem Lehrer Franz Brentano, der, sobald er ein neues Buch auf einigen Blättern aufgeklappt hatte, es wieder zuklappte (für immer), wenn es ihm nicht entsprach. Er wußte dann, wie er sagte, was darin stand. Wie betrübend ist die Leichtfertigkeit mancher Schreiber, die Kretzschmar „Schnellbiographen" nennt. Die privaten Angelegenheiten, die Schwächen bilden manchmal einen Hauptanziehungspunkt für die dupierten Leser, wie Bühnenstücke über Künstler und andere „interessante" Persönlichkeiten. Mein Wesen widerstrebt diesen Lockungen und findet eine wissenschaftliche Stütze in den strengen Stiluntersuchungen, die den Charakter und die Erscheinung umfassen — alles, was in dem Beschriebenen, in seiner Umgebung, in seinen Abhängigkeiten, in seiner Entfaltung, in seinen Auswirkungen, kurz, wie ich eben sagte, in dem Kulturbild zu Tage tritt. Die Pflicht der Verantwortung muß dabei den Forscher erfüllen. Von diesem Grundprinzip aus wollen wir zum nächstfolgenden Abschnitt übergehen, immer uns dessen bewußt, daß Irren menschlich ist.

In der zweiten Hälfte des vorigen Jahrhunderts herrschte noch völlige Unsicherheit in der methodischen Behandlung der Musikgeschichte. Spitta war von der Philologie aus eingedrungen, Chrysander hatte als Biograph seinen Weg eingeschlagen, einige suchten sich ästhetisch-ethisch zurechtzufinden, andere machten den Versuch, vom allgemein-historischen Standpunkt die Geschichte der Musik in das Gesamtgebäude einzufügen, nicht wenige behandelten die von ihnen in Angriff genommenen Stoffe ohne den Versuch nach methodischem Verfahren und richteten sich so ein, wie es ihnen passend erschien. A. W. Ambros zog Vergleiche aus der bildenden Kunst als Parallelerscheinungen (nicht immer in zeitlicher Kongruenz) heran. Spitta hatte ganz recht, von einem „Wirrwarr der Behandlungsarten" zu sprechen. In dem kleinen Absatz über Methode in meiner die Vierteljahrsschrift einleitenden Studie wies ich auf die Zukunft hin, denn eine Klarstellung könnte erst nach langem Ringen erzielt werden — eine verläßliche umfassende Methode müsse erst erarbeitet werden. Ich sprach von den „Kunstgesetzen", die als Grundlage betrachtet werden sollten. 1898 (in meiner akademischen Antrittsrede in Wien) gebrauchte ich schon den richtigeren Ausdruck von „Stilgesetzen", recte Stilnormen und Stilphasen in dem organischen Verlaufe der Tonkunst. Schon in meinen frühen Arbeiten hatte ich im Drange nach Erkenntnis Kriterien behufs Bestimmung der Kategorien, behufs einheitlicher Erfassung all der Momente, welche in Betracht kommen, gesucht. Ich fand, daß der Riesenkomplex derselben in dem Gesamtbegriff „Stil" zusammengefaßt werden kann. Es kommt nicht sosehr auf die Definitionen als auf die Konzentration an. Die Stilbestimmung ist „die Achse der Erkenntnis der Kunstwerke". Nicht als ob man auch in musikwissenschaftlichen, gerade wie in kunsthistorischen Abhandlungen nicht auf das Wort „Stil" gelegentlich gestoßen wäre, allein wie gesagt, die methodische Erarbeitung, die einheitliche Einordnung muß im „Stil" gelegen sein, von dem man in freier Übertragung des Wortes von Buffon „le style c'est l'homme" sagen könnte „le style c'est l'art". Danach hatte sich die Methode einzurichten, danach war sie aufzubauen.

Schrittweise näherte ich mich der Durchführung, über dreißig Jahre suchte ich nach der Erkenntnis. Diese Absicht lag am Anfang des 20. Jahrhunderts gleichsam in der Luft. Im Jahre 1911 erschienen zwei Bücher über „Stil in der Musik", das eine von C. Hubert Parry, Direktor des Royal College of Music in London, dem angesehenen Komponisten, das andere von mir. Wir begegneten uns im gleichen Jahre bei dem denkwürdigen Kongreß der Internationalen Musikgesellschaft in London, ohne von unseren Publikationen Erwähnung zu tun, ohne über das Thema zu sprechen. Diese Doppelerscheinung ist symptomatisch dafür, daß die mit Musikstil zusammenhängenden Probleme in den Vordergrund getreten sind. Parry faßte das Thema vom künstlerischen Standpunkt, während bei mir die wissenschaftliche Erfassung das Bestimmende ist. Erst 1915 erschien das Werk von Heinrich Wölfflin: „Kunstgeschichtliche Grundbegriffe", das, wie ein berufener Schweizer Kritiker sagt, „für die Wissenschaft der bildenden Kunst das bedeutet, was für die Tonkunst seit vier Jahren Adlers Stil in der Musik I". Schon 1860/1863 hatte Gottfried Semper ein zweibändiges Werk: „Der Stil in den technischen und tektonischen Künsten" veröffentlicht.

Ich ging meine eigenen Wege und kann hier nicht den Inhalt des Buches ausführen. Meine Ausdrucksweise ist, wie oben erwähnt, so gedrängt, daß ich aus diesem ersten Band eigentlich mehrere hätte machen können. In der ersten Abteilung behandle ich die Prinzipien für die Erörterung des „Organismus der Tonkunst", des Tonmateriales und seiner Verwendung, in der zweiten Abteilung die Stilarten nach Ort und Zweck, nach innerer Beschaffenheit und äußerer Erscheinung, nach Charakter, nach Individualität der wirklich Schaffenden und der Nachahmenden — ein Riesenstoff, der von der fortschreitenden Forschung ergänzt und weiter geklärt werden soll. Ich wollte, wie ich in der Einleitung (S. 3 der 1. Auflage) sage, die Hauptzüge der stilkritischen Behandlung klarlegen. Das zweite Buch sollte die Stilperioden behandeln. Schon hatte ich den Stoff geordnet, die Zeit bis zum 14. Jahrhundert auf 150 Folioseiten beschrieben und eine Anzahl Bogen zum Druck gegeben — da überzeugte ich mich immer mehr, daß die Bewältigung nur im Verein mit Spezialforschern erfolgen kann. Eine oberflächliche Behandlung der einzelnen Stilperioden hätte mich nicht befriedigen können. Die wiederholte Prüfung von Musikgeschichtswerken mahnte mich zu größter Vorsicht. Ambros hatte sich von seinem Onkel Kiesewetter, der die ganze Musikgeschichte nach Komponistennamen „geordnet" hatte, losgesagt. In dem vierbändigen Werk (1861—1868 die ersten drei Bücher) hat Ambros einzelne Stilkriterien neben einzelnen Führernamen (für die Niederländer) aus Einteilungsgründen herangezogen. Das vierte Buch, das mit Palestrina begann, hat er leider nicht zu Ende gebracht — es wurde in dritter Auflage 1909 von Leichtentritt mit einem neuen Kapitel „Der monodische Kammermusikstil in Italien bis 1650" abgeschlossen. Aus Nebelhüllen treffen uns einzelne klare Sonnenblicke, die von H. Riemann in seiner Massenproduktion (von 1888 bis 1913 — ich beziehe mich hier nur auf seine eigentlich musikhistorischen Werke) vermehrt (nicht vergrößert) wurden. Er spricht dort und da von „Wurzeln des monodischen Stils" (1888), von Stilunterschieden (so Kirche, Kammer, Volkslied) (1898); 1901 vom „modernen Stil", den er um die Wende des 18. zum 19. Jahrhundert ansetzt (!). Im ersten Teil seiner zweibändigen Musikgeschichte (in fünf Teilen, erschienen von 1904 bis 1913) kennt er nur Formen und Tonkünstler, den zweiten Teil (1905) bezeichnet er als Mittelalter, den ersten Teil des zweiten Bandes (1907) als Renaissance (bis 1600!), führt eine sehr kennzeichnende Bezeichnung „durchimitierender A-cappella-Vokalstil" für eine der Phasen der niederländischen Schulen ein. Mitten in der Arbeit für das Handbuch veröffentlicht er 1908 ein „kleines Handbuch der Musikgeschichte" mit Periodisierung nach „Stilprinzipien und Formen" (Mittelalter bis 1300, Renaissance 1300—1600, Generalbaßzeitalter 1600—1750, „Neue Zeit" nach Bach und Händel). Unter „Prinzipien" versteht er Konstruktionsprinzipien. Seit 1904 (steht es im Zusammenhang mit meinem stilistisch streng geordneten Wagner-Buch?) greift er in die Problemstellung der Stilfragen und 1 9 1 3 spricht er schon im Vorwort des dritten Teiles des zweiten Bandes von „Stil" a r t e n und gibt eine neue Übersicht über die vorangegangenen Bände. Er trennt jetzt nicht mehr Beethoven von Haydn und Mozart („das Erbe der Klassiker Haydn, Mozart, Beethoven war Weltgut geworden") und spricht von einer ganzen Reihe von Stilarten, die schon früher von einem „anderen" erörtert wurden, und unterscheidet weiterspaltend Klavier-, Orgel- und Lauten-Stil. Der Weg zur Weiterung der Forschung wurde von dem schnellschreibenden Forscher beschritten. Die Unterscheidungen sind mehr Zufallsäußerungen, nicht methodisch geordnet. Ich habe ihm zu danken, daß er schon 1901 von mir gesagt hat, daß ich mich zum „Führer entwickelt habe". Auch mir obliegt es, seiner Verdienste zu gedenken. Seine fleißig geschriebenen „Analysen" haben sehr viel zum Verständnis der Musik in Laien- und Schülerkreisen beigetragen, allein sie stehen an der Eingangspforte der Stilbestimmung, der Stilkritik, die ich in meiner „Methode der Musikgeschichte" 1919 erörterte — als Ergebnis meiner Forscher- und Lehrtätigkeit. Ich möchte aus meiner Studie über „Stilkritik", die ich für die „Musical Quarterly" (G. Schirmer Inc., New York) (erschienen 1934/II) verfaßt habe, mit

Erlaubnis des Editors, meines Freundes Carl Engel, das Nachfolgende herübernehmen.

Die Grundfrage ist: Was ist stilbildend? Im Kernpunkt sind die spezifisch musikalischen Kriterien: die melodischen, tonalen, harmonischen, polyphonen, thematischen, klanglichen, dynamischen. Das sind die Antezedentien der Stilbestimmung. Die rhythmischen, die formalen Kriterien nehmen von da aus ihren Weg. Die Formalanalyse, die all dies umfaßt, ist der Ausgangspunkt des stilkritischen Verfahrens. Ihr assoziiert sich die Inhaltsanalyse, die das Seelisch-Geistige untersucht. Das Erlebnis, das das Kuntwerk bietet, muß klargestellt werden. Der Forscher soll die Eignung erworben haben, auch beim Lesen das Kunstwerk zu erfassen, wie der Komponist beim Schaffen Phantasie und Verstand vereinigt. Diese Schwierigkeiten sind beim jungen Forscher erleichtert durch Gedankenaustausch bei den stilkritischen Übungen in Gemeinschaft mit seinen Kollegen unter der Leitung des Lehrers. Dazu dienen auch die Versuche zur Aufführung. Natürlich ist der leichteste Weg zu diesem Behufe das Anhören vollendeter „historischer" Aufführungen. Bei der Inhaltsanalyse hat man sich aber nicht auf die „Affekte" zu beschränken, wie dies im 18. Jahrhundert üblich war, und die dann von Hermann Kretzschmar in der von ihm eingeführten „Hermeneutik" als Um und Auf der methodischen Untersuchung hingestellt wurden. Die Hermeneutik hat ihre Verdienste um die Inhaltsanalyse (also der zweiten Phase der Stilkritik), nur soll sie nicht zu phantastischer, willkürlicher Deutelei ausarten. Dichterische Exegesen können geistvoll sein und das Verständnis fördern, ohne positive wissenschaftliche Geltung zu haben. Der Tondichter kann uns von der poetischen Befruchtung erzählen, auch im Titel andeuten — aber stets behält das echte Instrumentalwerk seine Selbständigkeit.

In den Erörterungen über Reziprozität, Korrelation von Formal- und Inhaltsanalyse gelangen wir zur eigentlichen Stilkritik höherer Ordnung. Gehen wir bei der Formal- und Inhaltsanalyse analytisch vor, so gelangen wir jetzt zur Synthese. Deduktion und Induktion werden wie die Eimer bei dem Schöpfen aus der Brunnentiefe wechselweise angewendet.

Die Stilarten in ihrer Mannigfaltigkeit erhalten ihre Abgrenzung in Rücksicht aller in Betracht kommenden Kriterien. In meinem „Stil" habe ich sie abzusondern, in der „Methode" ihre Erforschung klarzulegen versucht. Sie halten sich teilweise an die zur Verwendung gelangenden Mittel (vokal, instrumental) und an Faktoren, welche bei der Komposition in Betracht kommen (Indienststellung oder freies Schaffen) — schier unübersehbar, durch möglichst klare Teilung abtrennbar. Ich habe schon im „Stil" einige Dutzend Stilarten gekennzeichnet, deren Zahl die zukünftige Forschung vermehren und differenzieren wird. Alle Hilfswissenschaften werden zu ihrer Untersuchung herangezogen — ich führte sie in dem obgenannten einleitenden Essay (Umfang der Musikwissenschaft) an. Die verschiedenen Gattungen müssen präzisiert werden. Auch Parry ist von diesen ausgegangen[3].

Wir gelangen zu den entwicklungsgeschichtlichen Problemen und ziehen die kulturellen Momente heran, als Bedingungen für die Entfaltung von künstlerischen Leistungen, ihrer Verwendung im sozialen Leben, ihrer Einordnung in das geistige Leben. So gelangen wir zu den drei Hauptgruppen der Stilbestimmung, nach Zeit, Ort und Autor.

Wir ziehen alle äußeren Behelfe (paläographische, semeiographische und andere) heran, verwenden die Einzelkriterien, um die zeitliche, örtliche Abgrenzung vorzunehmen, um den Autor zu bestimmen. Wir suchen die Stilperioden abzugrenzen. Wir lernen den Stil-Wandel, -Wechsel, -Übergänge, -Übertragung, -Kreuzung, -Mischung, -Verwandtschaft, -Gemeinschaft, -Trennung, -Abhängigkeit, -Aufstiege, -Höhen, -Niedergänge, -Ausstrahlungen, -Anlehnung, -Anpassung, -Verselbständigung, -Freischaffung, die Stilzusammenhänge kennen. In der Zeitbestimmung liegt das Wesen der selbständigen Stilkritik. Die verschiedenen Stilarten müssen in

---

[3] Ein moderner Musikhistoriker stellt die irrtümliche Behauptung auf, daß er zum ersten Male (!) Stilgattungen aufgestellt habe.

Perioden gegliedert werden, in ihren Wechselverhältnissen, in ihrer Eigenart, in ihrem Gegensatz, in ihrem Auf- und Abstieg. Die Komplexität der Erscheinungen innerhalb einer Stilperiode, der Haupt- und Grundstil und alle Nebenerscheinungen müssen aufgedeckt werden. Die Stilgattungen sind nach ihrem zeitlichen Verlauf zu verfolgen.

Die Ortsbestimmung betrifft Einzelorte, Distrikte, Länder, Nationen und wohl auch Staaten. Hier greifen die Fragen nach der Volksmusik, die sprachlichen Scheidungen (Verhältnis von rhythmischen und metrischen Momenten), die internationalen Bindungen ein. Äußere Bedingungen und Beziehungen, wie Handel, Schreiberschulen, Notenstich und anderes müssen berücksichtigt werden. Die Zusammengehörigkeit in Kunstschulen muß aufgedeckt, ihr Aufstieg und Niedergang genetisch untersucht werden, wie im allgemeinen beim Zeitstil. Auch die Lokalisierung und lokale Zweckbestimmung läßt verschiedene Stilarten unterscheiden.

Die Autorbestimmung möchte ich als Krönung stilkritischer Arbeit bezeichnen. Gar manche Forscher gehen von Personaluntersuchungen aus, die sie als Halt für Zeit- und Ortsbestimmungen verwenden. Die Einzelbiographen bleiben manchmal dabei stecken und trösten sich mit dem Worte: „Das höchste Glück ist die Persönlichkeit."

Da steht im Vordergrund der Charakter des Schaffenden als Mensch und Künstler, wofür ich in meinem Buche über Richard Wagner und in zwei Essays (Beethoven, Brahms) 1927 und 1933 eingetreten bin. Im Brahmsessay habe ich auch die Statistik und Chronologie als stilkritische Behelfe herangezogen. Bei der Autorbestimmung scheidet und vereint sich subjektive und objektive Bestimmbarkeit. Die instinktive, intuitive Fähigkeit (die Phantasie) des Beobachters kommt bei der Vergleichung zur Geltung. Der kunstgeübte Laie stellt sich neben den strengen Forscher. Einfühlung und Einstimmung sind dem Kunstgenießer gemeinschaftlich. Da ist ein offenes Feld für Wertansätze, ein Tummelplatz für ästhetisierende Beurteilung, ein Kampfplatz für Tagesgespräche und schriftliche Äußerungen, in der bildenden Kunst für kaufmännische Spekulation, wie bei Biographien und ihren Neuausgaben die Verleger die Beliebtheit des Meisters und die politische Einstellung seines Kreises in Rechnung ziehen. Die Autographenhändler richten die Preise danach ein. Der Historiker soll bestrebt sein, eine objektive Stellung einzunehmen, während die anderen Gruppen das Recht der subjektiven Einstellung in Anspruch nehmen können.

Die Indizien werden vom Forscher wissenschaftlich klargestellt. Die Idiotismen (sich gleichbleibende Kennzeichen) einer Schule werden von denen einer selbständigen Künstlerindividualität zu scheiden gesucht; manchmal dienen zur Autorbestimmung scheinbar nebensächliche Umstände, wie in der bildenden Kunst die Ausführung der Hände oder die koloristische Behandlung. Wichtig ist, wie bereits allgemein hervorgehoben wurde, die geistige Erfassung des seelischen Erlebnisses bei der Aufführung oder dem Lesen des Musikwerkes. Die Exekution übt da einen Einfluß, der freilich wissenschaftlich schwer zu fassen ist — da bleiben gewisse Imponderabilien, besonders ästhetischer Art, die der Tummelplatz „geistreicher" Biographen, Schriftsteller sind, — zum Gaudium des Lesepublikums, das unterhalten und oberflächlich „belehrt" sein will. Die Virtuosen des Gesanges, auf Instrumenten und die des Dirigierens (eine Modeerscheinung des 20. Jahrhunderts) sind da gleichsam mitbestimmend für Stilauffassung. Die wissenschaftliche Stilkritik hat sich vor Irreführungen, auch vor Mystifikationen zu hüten. Sie wird sich stets mit dem echten, wahren reproduzierenden Künstler verstehen können, so große Freiheit diesem auch eingeräumt sei. Nur das Selbstgefällige des Virtuosentums kann sie nicht anerkennen und überläßt dies dem Modetaumel.

Auch die Verbindung der Tonkunst mit der Schwesterkunst, der Poesie, sowie ihr Verhältnis zu den anderen Künsten ist, wie männiglich bekannt, für die Stilfragen nicht unwichtig, im einzelnen Fall mitbestimmend, denn sie alle zusammen sind Teilerscheinungen der allumfassenden Kulturgeschichte. Der Musikhistoriker darf sich von den Vertretern der letzteren nicht in Fesseln schlagen lassen. Denn keine Kunst, kein Kulturprodukt spricht, wie Schiller sagt, die Seele so aus, wie die Tonkunst: „Aber die Seele spricht nur Polyhymnia aus", doch atmet sie auch „Leben" (wie die bildende Kunst) und „Geist", wie Schiller vom Dichter fordert (das Erlebnis!).

Erschrecken wir nicht vor der Erfüllung der Aufgaben, der Lösung der Probleme, die uns noch bevorstehen. Wir sind erst am Anfang der Arbeit. Generationen werden mit der Durchführung der Stilkritik zu tun haben. Sie ist, wie ich sagen darf, von einem Gutteil der Forscher angenommen. An deutschen Universitäten wird durchschnittlich ein Dutzend Vorlesungen und Übungen mit ausdrücklicher Bezeichnung „stilkritisch" abgehalten. Gar manche mögen, ohne „Stil" oder „Stilkritik" im Titel zu führen, in gleicher Art behandelt sein. Eine große Reihe von Abhandlungen und Büchern ist methodisch von der Stilkritik geleitet — in allen Ländern, in denen Musikwissenschaft im strengen Sinn gepflegt wird. Die Überführung der stilkritischen Methode der Musikgeschichte auf andere Gebiete der Musikwissenschaft bedarf eigener Untersuchungen. Unbegrenzt ist die wissenschaftliche Forschung. Bestellen wir gewissenhaft unser eigenes Haus. Fixieren wir die immer noch nicht einheitliche Terminologie, klären wir die Begriffe, ohne aus unserer Methode eine Schablone zu machen, ohne die Freiheit der Bewegung zu behindern. Die Individualität des Forschers muß sich so entfalten wie die des echten Künstlers. Die Darstellung bleibt ein Grundrecht der Persönlichkeit in dem Verbande der Forscher. Auch der wissenschaftliche Autor kann und soll seinen Eigenstil haben. Auch bei der Edition von historischen Musikwerken kann der Herausgeber, respektive die Gruppe der Herausgeber, die für einen Meister, eine Schule, ein Kunstreich die Arbeit besorgt, ihre eigene Art behaupten — wie wir dies seit hundert Jahren nicht immer zum Vorteil der musikhistorischen Ziele beobachten können. Die Nationen müssen oder sollen sich auch da zu einem internationalen Verbande vereinen — wie allenthalben zum Heile der

Menschheit. Hoffen wir für die Zukunft, der die „Stilkritik" in ihrem Bereiche dienstbar sein soll.

Ich habe den Grund angegeben, warum ich den zweiten Band meines „Stil in der Musik", die „Stilperioden", nicht erscheinen ließ. Im „Handbuch der Musikgeschichte" habe ich im Verein mit Fachgenossen (Spezialisten) einen Ersatz geboten (1. Auflage 1924, 2. Auflage 1930). Der Vorgang ist seither mehrfach nachgeahmt worden. In einem vorausgehenden Kapitel ließ ich die „Musik der Natur- und orientalischen Kulturvölker" behandeln und gab nach der „Antike" eine allgemeine Orientierung in der Studie „Periodisierung der abendländischen Musik". Für die Mitarbeiter hatte ich eine Instruktion verfaßt, deren Tendenz dahin ging, möglichst „edelpopulär" zu schreiben, „für Kenner und Liebhaber". Der Individualität der Verfasser gewährte ich volle Freiheit. Die Kollegen hatten die Güte, auf meine eventuellen Änderungsvorschläge, die ich nur im Interesse der Einheitlichkeit des Werkes machte, in liebenswürdiger Weise einzugehen. Wohl zum ersten Male in einem Geschichtswerke zog ich Mitarbeiter für die jüngste Zeit heran: sie sollte mit Liebe, Verständnis und Nachsicht behandelt werden. Die großen und kleinen Nationen und Völker fanden ihr Recht. Über jede Nation berichtet ein Konnationaler. Der Kreis der neu eintretenden Länder ist noch im Wachsen begriffen.

Ich gebe nachfolgend eine Tabelle über die „Stilperioden der christlich-abendländischen Musik" nach der Erfahrung, die ich mir in den letzten Jahren zurechtgelegt habe und die mit den Hauptzügen des Handbuches übereinstimmt.

Stilperioden der christlich-abendländischen Musik
(Allgemeiner Umriß)

I. Der einstimmige Kirchengesang.

Zentrum: Der Gregorianische Gesang — neben einer Reihe örtlicher Übungen (ambrosianisch, mozarabisch, gallikanisch usw.) — syllabisch oder melismatisch — schwebender Rhythmus — Kirchentöne — Neumen und Nota quadrata.

Entwicklung und Blütezeit bis 1100, Übergangszeit bis 1300, Stagnation bis 1880, Wiedererweckung und Restaurierung.

II. Die mehrstimmige Musik.

Vorstadien 8.—11. Jahrhundert — Eingreifen der Volksübungen mit ihren Tönen und Rhythmen — Aus der Heterophonie (Organum) entwickelt sich der Discantus und Contrapunctus mit harmonischer Regelung — Homo- und Polyphonie — (Zuhilfenahme des Fauxbourdon und seiner Abarten, 2-, 3- und 4stimmig) — Imitationsführungen gleichfalls vom Ausgangspunkte volksüblicher Gebräuche (Kanon usw.).

Hauptbeteiligung der Engländer, Franzosen, Italiener, Deutschen, Niederländer, Spanier, Portugiesen, mit Anschluß anderer europäischer Völker.

Höhengang vom 12. bis zur 1. Hälfte des 15. Jahrhunderts — Mählige Umwandlung der Kirchentöne — Mensuration und genaue Bemessung der Zeitwerte — (Daneben Trouvères, Troubadours, Minnesinger, später Meistersinger).

Hochblüte 2. Hälfte des 15. und 16. Jahrhunderts — geistlich und weltlich — Höhepunkt: die mehrstimmige vokale katholische Kirchenmusik — am Ende wachsende Begünstigung der Polychorie.

III. 1600 bis 1900. Monodie mit Begleitung in verschiedenen Behandlungsarten (darunter Basso Continuo, Generalbaß von 1600 bis 1750, ferner konzertant u. a.) — Ein Dur, Ein Moll — Chromatik und in der Folge Enharmonik — Taktherrschaft — Verarbeitung der Polyphonie — Scheidung und Vereinigung von Klanggruppen — Höhepunkt: die evangelische Kirchenmusik (Chorlyrik) — Höhengang der Oper, des Oratoriums, der Instrumentalmusik (im Zentrum Fugenarbeit) — Notationen im Dienste der Taktherrschaft.

Um 1750 Gärungsprozeß bis zur Etablierung der Wiener klassischen Schule (zirka 1780 bis 1820) — Thematische Arbeit im obligaten Akkompagnement — Verselbständigung der Instrumentation im Dienste der Koloristik und Dynamik.

19. Jahrhundert Romantik — im Mittelpunkt das deutsche Lied und die Oper der Deutschen, Franzosen, Italiener — Engere Verbindung mit der Dichtkunst — Zunahme der nationalen Unterschiede, Hervortreten nordischer Völker, der Slawen, der Ungarn, der Neuen Welt — Virtuosentum — Tanzmusik — Der Klassizismus — Programmatik (Franzosen und Deutsche) — In den letzten zwei Jahrzehnten Übergangserscheinungen (Verismus, Impressionismus).

20. Jahrhundert. Versuche von Umbildungsprozessen in Tonalität und Stimmführung — Polyodie — Exotismus — Daneben Traditionalismus.

Allgemeine Bemerkungen.

Gewisse Analogien mit den Baustilen: I. Romanisch, II. Gotisch mit Eingreifen der Renaissance bis zu ihrer vollen Etablierung um 1600. III. Vorerst Barock ... Rokoko.

Kongruenz mit Kulturphasen, Einflüsse der sozialen Gestaltungen und Verwendungen ...

Die Phasen greifen innerhalb jeder Stilperiode ineinander über, eine jede hat Aufstieg, Höhe, Niedergang — als Teilerscheinungen des Gesamtorganismus der Tonkunst. Neben elementaren Grundformen mannigfacher Art, die allen Perioden gemein sind, treten in jeder Periode eigene Kunstformen im Werden und Vergehen auf, die in mannigfachen Wandlungen zur höchsten Ausbildung gedeihen, entsprechend den eben erwähnten Phasen. In Umwandlungen werden sie je nach der Tauglichkeit in andere Phasen übernommen.

Innerhalb der Perioden und Phasen tragen Pioniere die Bausteine zusammen für die Gebäude, die von den Großmeistern aufgeführt werden, die aus den „Schulen" erwachsen. Die Individualität (Persönlichkeit) vermag sich auch bei Heranziehung verschiedener Schulen voll zur Geltung zu bringen.

Ausgleich von Nationalismus und Internationalismus.

Die Musiktheorie ist teilweise retrospektiv, teilweise vorbauend.

Die Musikwissenschaft entwickelt sich in der 2. Hälfte des 19. und im 1. Viertel des 20. Jahrhunderts zu voller Selbständigkeit: a) Musikgeschichte, b) Vergleichende musikalische Völkerkunde (das Erdreich umfassend).

VI.

Wie in der Musik Kunst und Wissenschaft eng verbunden sind, so stehen Künstler und Forscher in untrennbarer Verbundenheit oder sollten es sein (siehe oben). Mein ganzes Sinnen und Streben war darauf gerichtet. Ich stand und stehe als Wissenschaftler auf diesem Terrain und richtete meine Arbeit so ein, daß mein Wirken auch in das praktische Musikleben eingriff. Überall stand ich zur Verfügung, wo vitale Interessen desselben in Frage kamen. Daß es in meiner Jugend der Fall war, als ich mich noch als „Kunstjünger" fühlte, bedarf keiner weiteren Erwähnung, allein auch als akademischer Lehrer, da ich wissenschaftlich eingeschworen war, beteiligte ich mich an mir lebenswichtig erscheinenden Vorgängen des Kunst- und Lehrbetriebes — ob mit Recht, mag eine kurze Übersicht klarlegen. Wenn ich nicht aus eigenem Antrieb mich betätigte, so wurde ich vielfach von Persönlichkeiten herangezogen, die meine Kraft für stark genug hielten, um einzugreifen, durch Wort, Schrift und Tat. Von Jugend an mit Musikunterricht beschäftigt, der mir meinen Lebensunterhalt verschaffen mußte, war der Lehrberuf mir gleichsam eingeboren. Ich gab möglichst wenig Stunden, um mich möglichst viel und anhaltend meinen Studien widmen zu können. Welch hehren Beruf hat ein Lehrer, der nach dem Rezept Nothnagels für den Arzt ein guter Mensch sein soll. So gruppierte sich meine außerwissenschaftliche Tätigkeit um mehrere Leitfäden, auf die ich nun einen kurzen Blick werfen möchte.

An dem Konservatorium der Gesellschaft der Musikfreunde hing ich mit Liebe und Pietät. Sieben Jahre nach meinem Austritt veröffentlichte ich in der „Presse" (1882) eine Studie „Zur Reform unserer Musikpädagogik", in der Vorschläge zur Hebung der Ausbildung von Berufsmusikern gemacht wurden. Meine Ansicht war, daß das Privatinstitut der „Gesellschaft" staatlich autorisiert werden sollte. Zu diesem Behufe wären folgende Institutionen einzugliedern: a) Eine Meisterschule für Komposition; Lehrer und Schüler sollten freie Wahl bei der Anmeldung, respektive der Aufnahme haben. Die Bewerber sollten möglichst Gymnasialbildung haben. Zur Zeit, da ich den Unterricht genossen hatte, war ich nach meiner Erinnerung der einzige, der dieser Bedingung entsprach. Das Alter bei der Aufnahme sollte nicht unter 17 Jahren sein. b) Eine Abteilung für Kirchenmusik, in der Chorregenten, Organisten, Kirchensänger mit Rücksicht auf ihre Verwendung im liturgischen Dienst ausgebildet werden. Dieser Vorschlag wurde deshalb von mir gemacht, weil die Kirchenmusikvereine der Erfüllung dieser Aufgabe weder essentiell, noch materiell gewachsen waren. c) Ein Musiklehrerseminar, in dem Lehrer für Mittelschulen, Lehrer- (und Lehrerinnen-) Bildungsanstalten und Musikschulen herangebildet werden sollten. Eine größere Aufmerksamkeit sollte im ganzen Lehrgebäude der Pflege der Vokalmusik gewidmet werden, besonders dem A-cappella-Gesang (sowohl solistisch, mit Besetzung je einer Stimme, als chormäßig). So vortrefflich das Zöglingsorchester, besonders unter Leitung des Erzmusikers und Direktors Josef Hellmesberger, während meiner Lehrzeit war, so vernachlässigt war der Chorgesang. Das Gesangliche wurde damals am Instrument betrieben, während mich das historische Studium auf die Notwendigkeit der Pflege des unbegleiteten Gesanges wies. Die Klavierklassen waren überfüllt, wegen der materiellen Not, die gewachsen war; die Zahl der Klavierzöglinge betrug manchmal ein Drittel des gesamten Schülerstandes. Aus der Not wurde eine „Tugend". Die vornehme Direktion der Gesellschaft meinte, sich nicht anders helfen zu können, als aus dem Klavierunterricht ein ausgiebiges Einkommen zu erzielen, zumal da die staatliche Subvention klein war. Als letzten Ausweg faßte ich den Plan einer staatlichen „Hochschule für Musik" — das wäre aber Undank gegenüber den hohen Verdiensten der „Gesellschaft der Musikfreunde". Im Laufe der Jahre wurden mehrere von den obigen Vorschlägen realisiert — allein aus der Meisterschule für Komposition wurde eine solche für Klavier. Zwanzig Jahre sah ich zu und sechs Jahre nach meiner Rückberufung an die Wiener Universität begann ich mit Memoranden, die ich der Regierung und teilweise der „Gesellschaft" überreichte. Es fehlte an einem Künstler, der die volle Eignung zur Gesamtleitung gehabt hätte. Minister von Hartel ersuchte mich um Erstattung von Vorschlägen. Ich kam mit strengster Gewissenhaftigkeit nach: allein das Memorandum verschwand in einem Schreibtisch. Ich hatte Alexander von Zemlinsky für einen Lehrstuhl der Komposition und zum Hauptleiter der Orchester- und Opernaufführungen vorgeschlagen. Ich urgierte abermals die Reform der Chorschule. Ich möchte jetzt nicht Männer, die ich für untauglich hielt, namhaft machen. De mortuis nil nisi bene — auch über einen oder den anderen, der vielleicht noch lebt, aber von der Bildfläche kraft der steigenden Forderungen verschwunden ist, breite ich den Schleier des Vergessens. Anstatt des Direktors hatte ich aus „Schonung" ein dreigliedriges Direktionskollegium vorgeschlagen. Die Regierung bewilligte eine größere Subvention und es wurde ein allmählicher Übergang zur Verstaatlichung gemacht, die akut wurde, als der Pensionsfonds, den die Gesellschaft der Musikfreunde geschaffen hatte, nicht mehr ausreiche. Dieser Umstand wurde benützt, um einen Beamten als „Präsidenten" des mit dem neuen Titel einer „Akademie für Musik und darstellende Kunst" versehenen Institutes einzusetzen.

In meinem Memorandum hatte ich in eingehender Begründung einen Vorschlag gemacht, der einerseits das wohlerworbene Recht der Gesellschaft der Musikfreunde wahren konnte, andererseits der Regierung die Möglichkeit bot, das ihr zustehende Recht der obersten Kontrolle in einem Generalinspektorat über die Lehranstalt auszuüben. „Hiezu eigne sich nur eine Persönlichkeit, welche auf dem Gebiete der Musik als Kunst oder Wissenschaft erfolgreich tätig, durch allgemein geistige Qualitäten und Einsicht in solche organisatorische Erfordernisse den zu stellenden Anforderungen vollauf Genüge leistet. Zum Glück besitze Wien einen Mann, einen gebürtigen Österreicher, welcher durch seine hervorragenden künstlerischen

Eigenschaften, durch seine unbeugsame Energie, durch seine in allen musikalischen Kulturländern anerkannte Kraft, durch seine hohe Intelligenz, durch seinen Charakter, durch seine praktischen Erfahrungen diese Eignung besitzt, wie kein anderer: Gustav Mahler, ein führender Meister unserer Zeit, Direktor der Hofoper. In ihm hätte die Regierung die geeignete Persönlichkeit, welche das Niveau des Konservatoriums zu heben und all das zu erfüllen imstande wäre, um das Konservatorium allmählich zur Musteranstalt, zur wahren Hochschule der Tonkunst zu stempeln. Nicht nur kunstpädagogisch, auch künstlerisch und ökonomisch wäre diese Kreierung von höchstem Belang. Wien würde als altgeweihte Stätte klassischer Tonkunst wieder ein Anziehungspunkt für junge Talente des Auslandes werden."

Nach langen Unterredungen hatte ich Gustav Mahler bestimmt, einem etwaigen Antrag der Regierung insoweit Folge zu leisten, als seine Direktorialverpflichtung es gestattete. Endlich brachte ich ihn dazu, daß er sich eventuell bereit erklärte, gewisse Obliegenheiten zu übernehmen, ohne Gehalt, ohne Remuneration (solange er Direktor sei). In einem Beiblatt zum Memorandum sagte ich folgendes: „In die Bestellung des Direktors Gustav Mahler sollte aufgenommen werden, daß es ihm nach Einsicht und Notwendigkeit freistehe, sich als Lehrer, Dirigent, Regisseur zu betätigen, mit der Berechtigung, einzelne Aufführungen (gleichsam als Musteraufführungen) zu leiten. Das Gehalt soll solange nicht zur Auszahlung kommen, als er Direktor der Oper ist. In dem Moment, da er die Direktion der Oper aufgibt, tritt er in das Gehalt ein. Die Pension wird mit Einrechnung der Zeit im Hofdienst angesetzt."

Eine Reihe anderer Vorschläge über Anstellung von Persönlichkeiten will ich hier nicht anführen. Noch heute denke ich mit tiefster Betrübnis an die Nichtbefolgung meiner Bemühungen, dem Lehrinstitut eine Kraft wie Gustav Mahler zu gewinnen. Was ging verloren! Seine ethische Kunsterziehung hätte eine unschätzbare Nachwirkung geübt. Die schweren Sorgen der nachfolgenden Minister wären behoben gewesen. Vielleicht hatte am meisten der vornehme Gustav Marchet darunter zu leiden. Als er mich aufsuchte, um meine Ansicht über ein neues Statut zu hören, mußte ich aus Achtung vor dem guten Willen des Ministers sagen: „Es ist eine Mißgeburt." Es kam mir nicht leicht, dieses harte Wort zu gebrauchen. Es wurde fortgedoktort, der Patient sollte saniert werden. Ich konnte keine Heilung sehen und zog die Konsequenz im Rücktritt aus dem „Kuratorium". In einem Brief an den Minister begründete ich ihn eingehend. Nach mehreren Jahren wurde neuerlich eine Kommission eingesetzt behufs Beratung über Gründung einer „Hochschule für Musik". Sie bestand aus den drei Direktoren der Staatstheater, einigen gebildeten Musikern und aus führenden Beamten des Unterrichtsministeriums. Mir wurde der Vorsitz übertragen. Stöße von Entwürfen und Organisationsproblemen bereitete ich vor und vertrat die Ansicht, daß keine Abtrennung der Musikakademie von dem neu zu instituierenden Hochschullehrgang erfolgen solle — beide sollten ideell eine Einheit bilden. Als sofort zu gewinnende Lehrkräfte nannte ich Richard Strauß, Casals und Adolf Busch. Der erstere erklärte sich bereit. Die beiden anderen konnten noch nicht eingeladen werden, da bedauerlicherweise keine Klärung erfolgte. Die Gründe dieser Verschleppung waren mir nicht klar. Ich fand, daß wir zu keinem Resultat kommen könnten, und erklärte, unter diesen Umständen aus der Kommission auszutreten. Strauß und Schalk erklärten sich mit mir solidarisch. Was weiter geschah, kenne ich nur aus den Kommuniqués, die veröffentlicht wurden — es waren Interimsvorkehrungen. Das Betrübendste war, daß wie dereinst Mahler, so jetzt Strauß dem Lehrinstitut verlorenging. 1928 erhielt ich vom Minister Schmitz (jetzigem Bürgermeister von Wien) eine Einladung zu einer Beratung über die Gründung einer „Musikpädagogischen Akademie", die vom Direktor des Mozarteums in Salzburg, Bernhard Paumgartner, vorgeschlagen wurde, ferner zur Begutachtung dreier Prüfungsordnungen für das Lehramt der Musik. Da ich die während der letzten Jahre an der „Akademie für Musik" vorgenommenen Änderungen nicht kannte, konnte ich mich nur im allgemeinen äußern. Ich fand den

Lehrplan überladen, überstopft, überfüttert. Die Hauptsache ist der eigentliche Musikunterricht, während die vielen Nebenfächer, die in zwei Jahren gelehrt werden sollten, den Schüler überlasten, auch die Einteilung erschien mir nicht entsprechend. Ich befürchtete einen oberflächlichen Dilettantismus. In Details konnte ich nicht eingehen, da ich, wie oben bemerkt, die gegenwärtigen Leistungen nicht kannte. Den Kompositionsunterricht von Marx und Schmidt habe ich bei den schriftlichen Aufnahmsprüfungen für das Musikhistorische Institut der Universität in günstigster Weise kennengelernt. Von Privatlehrern machte ich günstige Erfahrungen bei Schoenberg, Zemlinsky, Mandyczewski, H. Graedener, H. Schenker, K. Prohaska (der an der Akademie Klavierunterricht erteilte) und bei einigen früheren Mitgliedern des Musikhistorischen Institutes, die später Unterricht erteilten. Dabei ist zu bemerken, daß die Klausurarbeit des Universitätsinstitutes sich nicht auf Prüfung der kompositorischen Begabung, sondern auf Beherrschung des Tonsatzes (vokalen und instrumentalen) zu beschränken hat. Zudem wissen wir, daß große Talente (auch ein Genie) bei den Aufnahmsprüfungen in höheren Musiklehranstalten nicht erkannt — manchmal sogar zurückgewiesen werden. Im übrigen konnte ich beobachten, daß der kernmusikalische Karl Kobald (dereinst Hofsängerknabe, der musik- und kunsthistorische Kollegien mit Eifer gehört hatte, auch ein erfolgreicher Schriftsteller ist) seit seiner Berufung aus dem Ministerium zum Präsidenten unserer hohen Musikschule die Defekte mit Verständnis, Milde, Strenge und mit wachsendem Erfolg zu beheben bemüht ist. Auch die Kirchenmusikabteilung ist trefflich geleitet. Die Musikanlage des Österreichers bedarf der hingebendsten Pflege und Förderung — als unschätzbares seelisches und ökonomisches Gut.

Wenn die musikalische Berufsausbildung mich vorerst und andauernd beschäftigte, so wandte ich meine Aufmerksamkeit auch der „Musik als Mittel der Erziehung" zu. So lautete der Titel eines Vortrages, den ich im „Pädagogischen Frauenverein" in Prag bald nach meiner Berufung hielt. Er enthält Kernfragen über die Hilfe und die Dienste, die die Musik dem Ziel jeder umsichtigen Erziehung, die harmonische Ausbildung der geistigen und seelischen Kräfte auf der Basis eines guten Gemütes und eines gesunden Körpers, zu leisten berufen ist. Er betrachtet den Musikunterricht vom allgemein pädagogischen, ethischen, ästhetischen, sozialen Standpunkt. Natürlich konnten nur Leitgedanken über dieses vielumfassende Thema, eigentlich Themenkomplex, geboten werden. Der Gesang ist ideell das Zentrum der musikalischen Erziehung, daher ist die damals übliche Überwucherung des Spieles auf Instrumenten, besonders am Klavier, zu vermeiden. Singübungen sollten vom vierten Lebensjahre an versucht werden, der eigentliche Musikunterricht vom achten Lebensjahre an beginnen. Wenn sich musikalische Anlage zeigt, dann ist das Violinspiel ein gutes Hilfsmittel. Das einfache „Handwerk" sollte in bescheidenem Maße auch von den „Dilettanten" erlernt — aber nicht aufgezwungen werden. Häusliche Kammermusik, vokal und instrumental, ist natürlich förderlich, besonders wenn sie im Elternhaus gepflegt wird. Alles muß auf musikalisches Verständnis und Gemütserhebung gerichtet sein. Auch gute Tanzmusik ist der Pflege wert und würdig — Ernst soll auch mit Heiterkeit gepaart, verbunden sein. Seither ist eine stets wachsende Literatur über diese Forderungen erschienen. Die Reinigung der Kinderlieder hat Fortschritte gemacht; in der letzten Zeit werden diese in betrübender Weise zu politischen Zwecken verwendet.

Höherstrebende Pädagogen greifen zum Musikdiktat, das ein zweckmäßiges Unterrichtsmittel für Berufsausbildung ist. Der Kulturhistoriker Riehl verlangt die Heranziehung des Musikhistorikers, der dem Musikunterricht als einem Bildungsmittel jedenfalls näher steht als der Virtuose, der 18 Stunden im Tag Skalen, Künsteleien und Sprünge üben läßt.

Gelegentlich der in Wien 1909 veranstalteten Haydn-Zentenarfeier fand der dritte Kongreß der Internationalen Musikgesellschaft statt, bei dem ich folgende Resolution vorlegte, die einstimmig angenommen wurde:

„Der III. Kongreß der Internationalen Musikgesellschaft beschließt, an die Regierungen aller Kulturstaaten die Aufforderung zu richten, in dem Geschichtsunterricht an Mittelschulen Rücksicht zu nehmen auf die Hauptphasen und hervorragendsten Meister der Tonkunst mit Hinweis auf die kulturelle Bedeutung der Musikpflege und die Fortschritte der Musikwissenschaft. Auch in den Bürgerschulen oder den diesen gleichwertigen Schulen sollte wenigstens auf einige Tonheroen der betreffenden Länder in der Heimatkunde aufmerksam gemacht werden, so zum Beispiel in Deutschland und Österreich auf Bach und Händel und die Meister der klassischen Wiener Schule (Haydn, Mozart, Beethoven, Schubert), von denen biographisch-künstlerische Geschichtsbilder gegeben werden sollten. Zur Illustration sollten einzelne Beispiele, besonders bei internen Aufführungen von Liedern und Kammermusikstücken sowie Gelegenheit geboten werden, populären Konzerten mit sorgfältig ausgewähltem Programm beizuwohnen. Hiedurch würde der Veredlung des Geschmackes und der Reinigung der Sitten Vorschub geleistet und eine passende Ergänzung zu den körperlichen Übungen geschaffen werden. Diese letzteren könnten teilweise mit musikalischen (gesanglich-rhythmischen) Übungen vereint werden, wodurch der Anstand der Bewegungen gehoben würde." Der letzte Passus ist beeinflußt von Jacques-Dalcroze, mit dem ich (er ist in Wien geboren und ausgebildet) in Beziehung getreten war.

Im Jahrbuch Peters 1914 erörterte ich musikpädagogische Fragen mit besonderer Einschränkung auf den „Musikgeschichtlichen Unterricht an Mittelschulen". Die Mittelschullehrer sollten genau unterwiesen werden, wie sie den Stoff zu behandeln haben. Das Gedächtnismaterial soll möglichst beschränkt sein, dagegen das Hauptaugenmerk auf die Stellung der Musik in den einzelnen Kulturperioden gelenkt werden in dem allgemeinen Sinne, wie ich oben bei Aufstellung der „Stilperioden der Tonkunst" (siehe Seite 92 ff.)

einen Umriß gab. Das Ziel wäre die Einordnung der Musik- und Kunstgeschichte als eigenes Lehrfach — wobei ich die Frage der Zuteilung dieser Mission offen gelassen habe. Sollten die Musiklehrer in ihrer Ausbildung auf dem jetzt betretenen Wege weitere Fortschritte machen, dann könnten sie dieses Amt von den Lehrern der Geschichte übernehmen. Zu vermeiden wäre Fachsimpelei und parteiische Bevorzugung einzelner Meister.

Im Dienste der Jugendbildung, der wissenschaftlichen Ausbildung meiner Schüler war mir jede ihrer Ausbildung dienende Arbeit genehm. Ich hielt „populäre" Vorträge — so wie ich schon sagte, meiner Absicht nach „edelpopulär", gerade auch gelegentlich der Haydn-Feier für Mittelschulen und bei Mozart-Feiern eigens eingerichtete Vorträge für diese und für weitere Studentenkreise an Hochschulen und vor „gemischtem" Publikum — sowohl in Prag wie in Wien.

Eine besondere Genugtuung bereitete mir eine akademische Feier gelegentlich der 150. Wiederkehr des Geburtstages von Mozart (1906). Die Anregung war von dem unter meiner Leitung stehenden Musikhistorischen Institut im Verein mit studentischen Verbindungen aller Richtungen gegeben worden. Den künstlerischen Teil besorgte der Akademische Gesang- und der Akademische Orchesterverein. Alle Ausführenden waren Studierende — ein gewesener Student, der Kammersänger Richard Mayr, wirkte mit, auch die Kammermusik wurde von Studenten gespielt. Alles wirklich vortrefflich. Ein Riesenandrang in schönster gesellschaftlicher Harmonie. Meinen Festvortrag hatte ich auf den Ton der völkerverbindenden Macht der Tonkunst, der Unvergänglichkeit der Wiener klassischen Schule, der unvergleichlichen Meisterschaft des nach Höchstem strebenden Gefeierten gestimmt. Die Feier war gleichsam ein Vorspiel für die von mir organisierten Haydn- (1909) und Beethoven- (1927) Gedenkfeste, mein Vortrag gleichsam eine Einleitung zu meiner Studie „Die Wiener klassische Schule" in meinem Handbuch der Musikgeschichte (1924).

Ich möchte mir erlauben, einige Zeilen wiederzugeben, die gleichsam ein fernes Echo meiner Festrede von 1906 sind. Ich habe sie über Ersuchen der Wiener Philharmoniker für das „Mozart-Album" geschrieben, das 1931 als „Damenspende" bei einem großen Ballfeste verteilt wurde.

„Mozart — ein Bekenntnis? Wir Wiener lieben ihn wie alles Echte und Wahre aus unserer reichen Musikvergangenheit. Seine Kunst ist ein Symbol des Vollendet-Schönen, das die ganze Musikkulturwelt himmelan zieht. Sie richtet die Mühseligen und Beladenen auf — und auch viele Vertreter der neuzeitlichen Musik bekennen sich zu ihm. Als Künder verklärter Heiterkeit beschützt er gleicherweise die Menschen bei ihren irdischen Vergnügungen. Er huldigte dem Tanzvergnügen — auch wenn es in der Stube kalt war — mit seiner Konstanze. So reihet euch, ihr lieben Paare, und laßt euch im Geiste vom Mozartpaar anführen — im Winter unserer Zeit. Es kommt wieder Frühling — Mozarts Kunstgebilde vereinen die Vorzüge aller Jahreszeiten. Er ruft uns zu: Seid ernst und heiter."

Ich sah dem Tanze nur im Geiste zu, in Wirklichkeit war meine Stimmung zerrissen und befleckt von den erschütternden Ereignissen, die sich in der „Welt" abspielten — den grauenhaften Vorgängen der Selbstzerfleischung... Ich flüchte mich zu den Erzeugnissen der großen Denker und Dichter.

Neben Erfüllung der in erster Linie stehenden Hauptverpflichtungen seines Berufes soll und kann ein jeder auch alles pflegen, was seiner Neigung entspricht und für seine Zeit von Belang ist oder erscheint. Hiezu dienen Reisen, die den Gesichtskreis erweitern. Wie der Naturforscher die Welt umsegelt, auf, unter und ober der Erde seine Beobachtungen anstellt, so arbeitet der Musikforscher nicht nur in Archiven und Bibliotheken, sondern er soll auch den Kunstbetrieb besonders in Territorien kennenlernen, die in genetischen Beziehungen zur Musik der Vergangenheit seines Heimatlandes stehen. Und so folgte ich den Einladungen zu Musikfesten (in strenger Auswahl) und zu musikwissenschaftlichen Kongressen. Ich könnte mich als eine Art „Kongreßonkel" bezeichnen und wurde in einigen Kongreßlisten angeführt — ohne daß ich anwesend war. Bei drei belangreichen Kongressen hatte ich die ehrenvolle Aufgabe der Vertretung unserer Regierung: Rom und London 1911 und die heikle Mission Paris Juni 1914. Einzelne Kongresse waren mit Festen verbunden, bei allen wurden Musikaufführungen veranstaltet. Solche Feste reichen bei den Engländern ins 18. Jahrhundert zurück — als Händel-Feste. In Deutschland richteten sich gegen Ende des vorigen Jahrhunderts ständige Bach-Feste ein: das 7. Deutsche Bach-Fest wurde im Mai 1914 in Wien abgehalten — das reichsdeutsche Urteil lautete nicht sehr freundlich. Ich kann sagen, daß es mindest ebenso gut war, wie das 1913 in Eisenach abgehaltene. Wir Wiener hatten schon 1892 (siehe oben) gezeigt, wie wir uns Musikfeste denken, verstanden aber nicht die Propaganda. Es stellte sich aber bald auch darin eine gewisse Übung ein und die Wiener Haydn-Zentenarfeier zeigte 1909 neuerlich, wie wir uns ein solches Fest vorstellen. Die Anerkennung übertraf alle Erwartungen. Das Fest war mit dem III. Kongreß der Internationalen Musikgesellschaft verbunden. Der erste hatte 1904 in Leipzig, der zweite 1906 in Basel stattgefunden, der vierte wurde 1911 in London, der fünfte 1914 in Paris gehalten. Die drei letztgenannten waren außerordentlich günstig und mit trefflichen Programmen verlaufen. In rührend bescheidener Weise sagte man mir in Paris und London: Was wir bieten, ist nur ein Schatten von der Wiener Feier...

Da trat die furchtbare Pause ein, bis eine neue Deutsche Musik-Gesellschaft begründet wurde und ihren ersten Kongreß 1925 in Leipzig und ihren zweiten 1926 in Lübeck veranstaltete, es waren anerkennenswerte Bemühungen. Dann kam 1927 die Beethoven-Zentenarfeier in Wien. Da wurde die Gründung einer neuen Internationalen Musik-Gesellschaft (I. M. G. — S. I. M. — Société internationale de Musicologie) beschlossen, die im gleichen Jahre in Basel organisiert wurde und 1930 ihren ersten Kongreß in Liège und ihren zweiten 1933 in Cambridge hielt, bei dem ich nicht anwesend sein konnte. Eine Anzahl Zusammenkünfte fand neben diesen Kongressen statt, die sich mit einzelnen Stoffgebieten beschäftigten, bei denen auch Resolutionen der Hauptkongresse in fachliche Beratung gezogen wurden. Eine schöne Feier aus Anlaß des 25jährigen Bestandes der Ortsgruppe Basel der Neuen Schweizerischen Musikgesellschaft fand 1924 daselbst statt.

Unabhängig von den drei genannten Gesellschaften war 1901 in Paris beim Congrés d'histoire comparée eine Sektion (in fünf Unterabteilungen) der Musikwissenschaft gewidmet, deren Leitung Romain Rolland oblag. Es wurde die Ausgabe französischer Denkmäler der Tonkunst, besonders der Werke von François Couperin, auch Sammlung von Volksmusiken mit Benützung phonographischer Mittel in Anregung gebracht.

1903 war in Rom bei einem Kongreß „di scienze storiche" eine Sektion für Geschichte der Musik und der dramatischen Kunst gewidmet, in der ähnliche Beschlüsse gefaßt wurden. Ich konnte 1911 dem Römischen Kongreß und 1914 dem in Paris beiwohnen. Beide brachten mir Weihestunden. Im ersteren (unter dem Protektorat von König und Königin, die persönlich erschienen und überaus freundlich mit einzelnen Kongressisten verkehrten) war das Zentrum die Reale Accademia di Santa Cecilia (Präsident Conte di San Martino), die unter anderem zwei von Schülern ausgeführte Konzerte gab. In der Fülle der Darbietungen und gesellschaftlichen Veranstaltungen wurde dieser Kongreß von der Londoner Veranstaltung weit übertroffen, die neben dem Pariser Kongreß von 1914 zu dem Glanzvollsten gehört, was ich erlebte. In London war Lord Balfour Ehrenpräsident, der die Macht der Tonkunst in geistvoller Weise pries. Die Unterhaltung mit ihm, besonders auch bei dem Lunch auf der Themse-Terrasse des House of Commons, fesselte mich und wir begegneten uns in wichtigen kulturellen Fragen. Über die Erlebnisse in London habe ich einen größeren Aufsatz in der „Neuen Freien Presse" veröffentlicht, der mir von gewisser Seite Vorwürfe brachte. In Paris war Barthou Erster Vorsitzender, während ich gebeten wurde, bei der Eröffnungssitzung in der Sorbonne als Vertreter der ausländischen Delegierten zu sprechen. Jeder Satz meiner Rede wurde mit Beifall aufgenommen. Ich sagte unter anderem, daß Paris sich die „Stadt des Lichtes" nenne. Bei seiner Erwiderung hob Barthou hervor, daß sie „la Ville de la lumière" auch wirklich sei, ohne irgendwie einen Vorwurf damit zu verbinden. Als ich von französischer Seite ersucht wurde, auch in der Schlußsitzung zu sprechen, lehnte ich dankend ab und empfahl, einem Vertreter des Deutschen Reiches diese Mission zu übertragen. Eine anerkennenswerte Aufführung frühgotischer Musik in der Ste Chapelle, einer Geburtsstätte der „primitiven" französischen Mehrstimmigkeit, wurde von Amedée Gastoué geboten. In der Salle des glaces in Versailles bei einer höchst gelungenen Aufführung von Werken aus der Zeit Louis XIV. sprach ich mit Gabriele d'Annunzio, dem ich mein Befremden über Bemerkungen ausdrückte, die er über unseren Kaiser öffentlich getan hatte. Wie vornehm verhielt sich der eigentliche Leiter der Veranstaltung, Jules Écorcheville, ein tüchtiger Forscher mit einer vielversprechenden Zukunft — die er nicht erleben sollte: er fiel im ersten Jahre des Weltkrieges. Meine freundschaftlichen Gefühle für einzelne Engländer, Franzosen, Amerikaner, Italiener blieben auch während des Krieges in mir geborgen. Ich erhielt Briefe mit der Versicherung, was immer geschehe, wir bleiben Freunde.

Als nächster Kongreßort (1916) war Berlin in Aussicht genommen. Es kam nicht dazu. Die Internationale Musikgesellschaft wurde während des Krieges von reichsdeutscher Seite zerschlagen, ohne mich vorher zu verständigen.

Wien hatte schon 1909 die Internationale Musikgesellschaft zur Haydn-Feier eingeladen. Die 500 Mitglieder des Kongresses waren nicht auf diesen Kreis beschränkt. Die Feier war international im weitesten und umfassendsten Sinne. Protektor war der Kaiser, Präsident und Vorsitzender des Exekutivkomitees Bischof Laurenz Mayer (Hof- und Burgpfarrer), ich war Vorsitzender-Stellvertreter, der Präsident der Internationalen Musikgesellschaft, Sir Alexander Mackenzie, Ehrenvorsitzender des Kongresses. Acht Komitees waren organisiert — Regierung und Stadt waren darin ausgiebig vertreten. Von europäischen Staaten waren 20 offizielle Vertreter delegiert, aus Amerika 5, Asien 1, neben 12 Delegierten von ausländischen Korporationen und Anstalten erster Ordnung. Mein Ideal, die Gleichberechtigung von Nationalismus und Internationalismus in Kunst und Wissenschaft — wie in Kultur — war verwirklicht. (Über dieses Thema sprach ich 1924 beim Basler Kongreß.) Eine Haydn-Feier ist im Sinne des Gefeierten nicht anders zu denken. Seine Werke standen im Mittelpunkt des Programmes, aus den „Denkmälern der Tonkunst in Österreich" waren Werke von Komponisten eingereiht, ohne Unterschied ihrer ursprünglichen nationalen Angehörigkeit, wie es in der Tendenz unserer Denkmäler gelegen ist — nur ihre geistige, stilistische Zugehörigkeit zur Wiener, zur österreichischen Kunst war maßgebend. In fünf Sektionen wurde fleißig gearbeitet, das Musikhistorische Institut stellte die Hilfskräfte. Besonders ergiebig waren die Beratungen über kirchenmusikalische und Orgelbaufragen, letztere unter der Führung von Albert Schweitzer und F. X. Mathias (beide aus Straßburg) und des Wieners Ehrenhofer. Die Mitglieder der Sektion waren zumeist Österreicher und Engländer. Mit größtem Eifer wurde in Tag- und (ohne Übertreibung) auch Nachtstunden am Orgelbauregulativ gearbeitet, das Wegweiser für alle nachfolgenden Konferenzen wurde. Der hochsinnige, edelmütige A. Schweitzer schrieb 1926 zur Freiburger Orgelbautagung: „In Wien fühlte ich mich zum ersten Male verstanden... Es waren ergreifende Tage..." Ergreifend waren auch die Schlußworte Mackenzies. Erinnerungsakte wie eine Haydn-Ausstellung, ein Ausflug nach Eisenstadt, Empfänge bei Hof, im Unterrichtsministerium (Graf Stürgkh) und Rathaus (Bürgermeister Lueger) trugen zur Zerstreuung bei. Ein kaiserliches Handschreiben schloß in feierlicher Weise das Fest.

Einen wehmütigen Nachklang zur Haydnfeier hatte ich bei einem Besuche, den ich dem Bürgermeister Lueger in Vertretung des Präsidenten der Feier abstattete. Lueger hatte die internationale Bedeutung voll anerkannt. Beim städtischen Bankett — dem ich nicht beiwohnte — hatte er einen (wie man mir erzählte) schwungvollen Toast auf Bischof Mayer und mich ausgebracht. Bei Überreichung des nach einem halben Jahre fertiggestellten Fest- und Kongreßberichtes stattete ich ihm auch im Namen des Präsidenten den Dank für die tatkräftige Förderung der Feier ab. Der Anblick war erschütternd! Körperlich eine Ruine — er war erblindet — geistig von erstaunlicher Regsamkeit. Er versicherte mich seiner besonderen Hochschätzung und begann eine politische Debatte und beleuchtete seine Stellungnahme. „Sie werden als ein, wie ich sehe, ruhig und scharf Beobachtender bemerkt haben, daß ich in den letzten drei Jahren meinen ganzen Einfluß aufgeboten habe, um die Bewegung in ein ruhiges Fahrwasser zu bringen... Besonders auf deutschnationaler Seite ist eine Unruhe, die uns in der Politik furchtbare Schwierigkeiten bereitet. Dieses Hinauswollen, man weiß nicht wohin... Hier im Hause bin ich der erste Beamte der Stadt, aber ich bin nicht der allmächtige Herr..." Es war ein langes, eingehendes Gespräch, das ich zu Papier brachte. Ich zeigte die Niederschrift meinem Freunde Magistratsdirektor A. M. Nüchtern, der mir für spätere Zeit die Veröffentlichung empfahl.

Die Haydnfeier sollte ein Muster für nachfolgende Wiener Musikfeste sein. Es dauerte zehn Jahre, bis ich mit meinen Vorschlägen an Behörden herantrat, die berufen waren und sind, solche zu veranstalten. Ich bereitete meine Absicht mit einer Reihe von Studien über „Wien als Musikstadt" vor. Im Februar 1919 sollte im Stadtratssaale eine Beratung stattfinden, die auf Grund eines gedruckten Memorandums die Angelegenheit in praktische Bahnen bringen sollte. Sie wurde „verschoben" — aus politischen Gründen. Ich ruhte nicht, legte Memoranden vor. Ich wollte nicht selbst die Veranstaltung übernehmen und begnügte mich mit Vor- und Ratschlägen — da meine Verpflichtungen den ganzen Mann forderten: Lehrkanzel, Denkmäler, wissenschaftliche Arbeiten und Publikationen erheischten meine ganze Kraft. Aber noch einmal wollte ich zeigen, was ein richtig organisiertes Musikfest zu bedeuten hat. So entschloß ich mich, vielfachen Wünschen und Bitten Folge zu leisten, und bereitete zwei Jahre die Feier zu Beethovens 100. Todestag vor. Wieder nahm ich die Hilfskräfte aus meinem Universitätsinstitut — mich lockte auch die Möglichkeit, armen Studierenden eine Erleichterung zu verschaffen. Die Leitideen waren die gleichen wie bei der Haydnfeier. Ich lud die Deutsche Musik-Gesellschaft ein, den nächsten Kongreß in Wien zu halten, erweiterte die Aufnahme auf musikwissenschaftliche Interessenten und Korporationen des ganzen Erdreiches. Als ich in der ersten Sitzung des Finanzkomitees ein Exposé vor kompetenten Beurteilern (Bankdirektoren, dem Finanzreferenten der Stadt und anderen) vorlegte, fand man den Posten für Propaganda „lächerlich" klein. Ich entgegnete, sie soll innerlich gemacht werden. Ich ersuchte den Bundespräsidenten Hainisch, unter dessen Ehrenschutz die Veranstaltung stand, und den Bundeskanzler Seipel (einen der Ehrenpräsidenten) um die Mithilfe des Bundeskanzleramtes. Gesandter Emil Junkar, ferner Legationsrat Ludwig Baron Blaas, Legationsrat Baron Egon Hain, Konsul Norbert Bischoff, ausgezeichnete kunstsinnige Beamte standen mir zur Seite und die Propaganda wurde so angelegt, daß 36 Gesandte die Ehrenmitgliedschaft in liebenswürdiger Weise annahmen, die Einladungen durch ihre gütige Vermittlung versandt wurden — sie selbst trafen die Wahl der einzuladenden Persönlichkeiten und Institute, die ich in einzelnen Fällen ausdehnte, da meine internationalen Beziehungen sehr lebhaft sind. Das Pressedepartement besorgte den Verkehr mit der in- und ausländischen Presse und ihren Vereinen. Die Organisation der Komitees war die gleiche wie bei der Haydnfeier. Bei der Eröffnungsfeier erschienen 24 Vertreter auswärtiger Regierungen, 84 Vertreter von auswärtigen Korporationen (Instituten, Akademien usw.). Zuschriften und Telegramme (auch bogenlange) kamen aus allen europäischen Staaten, auch aus Amerika, Asien. Die Zahl der eingetragenen Kongreßteilnehmer betrug 400. Bei der Festversammlung sprachen der Bundespräsident, der Bundeskanzler, der Unterrichtsminister (Schmitz), der Bürgermeister (Seitz) und die Vertreter der Regierungen vom Deutschen Reich, Amerika, Belgien, Frankreich, Großbritannien, Ungarn, Italien, Niederlande, Polen, Rumänien, Jugoslawien, Schweiz, Tschechoslowakei (die Reihung nach dem diplomatischen Usus der alphabetischen Folge in französischer Nomenklatur). Unter ihnen war ein Musiker (Mascagni) und ein musikschriftstellerisch sich Betätigender (Herriot), mit dem ich lange Gespräche über Beethoven und Wien führte, die er notierte; zwei Jahre nach der Feier publizierte er ein kulturhistorisch bemerkenswertes Buch über Beethoven, dessen Anfang und mannigfache Wendungen auf unser Fest hinwiesen mit dem Ausdruck rührender Sympathie für Wien und Österreich. Ich hatte ursprünglich nur Redner von fünf Staaten vorgeschlagen, einen jeden mit der Bitte, sich auf fünf Minuten Sprechzeit zu beschränken. Allein der Wunsch weiterer Beteiligung mußte berücksichtigt werden. Die Reden waren eine Huldigung für Beethoven und ... für Wien als Heimstätte höchster Musikkultur und der Wiener klassischen Schule. Die Redner erfüllten die Aufgabe, die mir zugefallen wäre — wie bei der Haydn-Zentenarfeier die Festrede zu halten. Ich „entschädigte" die Festbesucher, indem ich einen Essay „Beethovens Charakter" auf die Plätze legen ließ. Für engere akademische Kreise wurden Repräsentanten der deutschen, englischen, französischen und italienischen Nation ersucht, Erinnerungsvorträge zu halten: Hermann Abert, Edward Dent, Romain Rolland, Gaetano Cesari. Diese akademische Feier im großen Festsaal der Universität sollte gleichsam eine wissenschaftliche Ergänzung der Festversammlung sein. Brauche ich zu sagen, daß Abert und Rolland ihre Aufgabe glänzend erfüllt haben? Rollands Vortrag war gleichzeitig ein poetischer Erguß: „An Beethoven. Dankgesang." Cesari war leider verhindert, nach Wien zu kommen. Dent sprach über „Henry Purcell, ein Vorgänger Beethovens"; er knüpfte an die Aufführung seiner Oper „Dido und Aeneas" an, die wir gleichsam als Huldigung für die englische Nation in das Programm aufgenommen hatten, geradeso wie für die französische ein aus Tänzen Rameaus zusammengestelltes Ballett und für die Italiener „La serva padrona".

Als musikalische Einleitung der Festversammlung diente die Josefskantate des Einundzwanzigjährigen — gleichsam auch als Trauerkundgebung für Beethovens frühes Hinscheiden. So wie der dort Besungene, war auch der Meister ein Kämpe für Aufklärung und Humanität. Als Abschluß die „Chorphantasie", in der Beethoven als improvisierender Klavierspieler hervortritt, eine Kunst, die er fast ohnegleichen beherrschte. Der Text entspricht auch dem festlichen Anlaß. Das Werk ist eine Vorstudie zum letzten Satz der „Neunten", die übergangen werden konnte, da sie in jeder Musikstadt jährlich ein oder mehrere Male aufgeführt wird. Als Ersatz wurde ein anderes Chorwerk in einem eigenen Konzert aufgeführt: die Missa solemnis, eine der erhabensten Offenbarungen der Tonkunst und der Beethovenschen Muse. Sie sollte ihrem ursprünglichen Zweck gemäß zu einem Pontifikalamt im Dom aufgeführt werden — die gütige Zustimmung war gegeben, allein eine Opposition verhinderte die Ausführung. Und wieder muß ich einmal schweigen! Ich hatte schon meine Absicht einzelnen mitgeteilt und fand die helle Zustimmung, auch von einem evangelischen Fachkollegen im Ausland („Das wäre ein hocherwünschtes Erlebnis"). Ich griff zu einer Ausflucht: „Im März sei die Temperatur im großen Raum bedenklich." Ja, die Kälte der Intoleranz ist stets ein bedrohliches Moment!

Ich kann nicht das ganze Programm besprechen und muß mich mit einer kurzen Übersicht begnügen. Im Mittelpunkt standen natürlich Werke Beethovens in allen Gattungen. Ein Konzert war Vorgängern und Lehrern gewidmet: Haydn, Mozart, auch J. S. Bach und C. Ph. Em. Bach, Händel, Mozart, Neefe und aus unseren „Denkmälern der Tonkunst" J. J. Fux, Gottlieb Muffat und G. M. Monn, in der Oper Gluck. Goethe-Beethoven kam durch „Egmont" zur Erscheinung. Den glanzvollen Abschluß bildete eine vollendete Aufführung des „Fidelio" unter Leitung von Franz Schalk. Er und Weingartner waren die Hauptdirigenten, auch Casals reihte sich ein nebst seiner Wunderkunst am Cello. Als Solisten und Kammermusikspieler beteiligten sich Ignaz Friedman und

B. Huberman in vollendeter Weise. Heimische Künstler, wie das Quartett Rosé und mehrere andere, die großen Künstlerorganisationen, wie die Philharmoniker, Singverein der Gesellschaft der Musikfreunde, Wiener Symphonie-Orchester, Staatsopernchor, bei der Weihefeier am Zentralfriedhof die besten Wiener Männergesangvereine. Eine Künstlerin muß ich noch nennen: Lotte Lehmann als Leonore.

Meinen lieben Innsbrucker Kollegen, Rudolf von Ficker, hatte ich ersucht, für die Kongressisten eine Aufführung „Gotischer Musik" in der Hofkapelle zu veranstalten aus wissenschaftlichen und künstlerischen Gründen: zur praktischen Erprobung wichtiger Kontroversen über Aufführung historischer Musik und wegen der inneren Beziehungen dieser Stilperiode zu der Modernen unserer Tage. Der Erfolg, der Eindruck dieser tief erschauten sogenannten „Primitive" war geradezu phänomenal — aus allen Gesellschaftskreisen waren Zuhörer gekommen. Die Stadt war erfüllt von Lobeserhebungen und es mußte eine zweite Aufführung stattfinden. Der Kongreß hatte fleißig gearbeitet, in fünf Sektionen, von denen eine speziell Beethoven gewidmet war. Die Bibliographische Gesellschaft und die Internationale Kommission für das „Corpus Scriptorum de musica" hielten Beratungen. Die Sektion für Kirchenmusik schlug eine Resolution vor: „Es sollen an den theologischen Fakultäten selbständige kirchenmusikalische Lehrkanzeln und Seminare errichtet werden zur Erforschung der Musikgeschichte im allgemeinen, der Kirchenmusikgeschichte im besonderen und namentlich der Choralwissenschaft." Sie wurde dem Bundesminister Schmitz mit einer eingehenden Begründung vorgelegt und durch gütige Vermittlung eines der Ehrenpräsidenten der Feier, Kardinal Erzbischof Dr. Piffl, und des Ehrenmitgliedes Apostolischen Nuntius Sibilia, der auch bei der Festversammlung anwesend war, an den Heiligen Stuhl geleitet und hatte ersprießliche Folgen.

Henry Prunières schlug über meine Anregung die Neugründung einer internationalen Gesellschaft für Musikwissenschaft vor. Die von Scheurleer ins Leben gerufene „Union Musicologique", die verdienstvoll ein Bulletin (bibliographischer Art) edierte, war durch seinen Tod auseinandergefallen. Ich wurde gebeten, die umfassende Neugründung zu übernehmen. Bereits im Herbst berief ich eine Anzahl Musikforscher nach Basel, da ich diese Stadt für geeignet hielt, der Zentralsitz der neuen Gesellschaft zu sein. Die Konferenz verlief mit günstigem Ausgang. Zum Präsidenten wurde Peter Wagner (Freiburg, Schweiz) gewählt. Ich erklärte, den Rest meines Lebens nur mehr meinen Verpflichtungen und Arbeiten zu widmen und wurde auf den Altersstuhl eines Ehrenpräsidenten gesetzt. Ein neues Organ „Acta musicologica" wurde begründet und wird jetzt von dem hochstrebenden tüchtigen Knud Jeppesen (Kopenhagen) redigiert.

So konnte ich mit den Ergebnissen der Beethoven-Zentenarfeier zufrieden sein (die Ovationen bei der Schlußsitzung des Kongresses waren ergreifend) und meinen Festbericht mit folgenden Worten schließen: „Kunst und Wissenschaft einte alle Teilnehmer in einer geradezu himmlischen Harmonie. Möge diese kulturelle Einigung vorhalten!" Und sie hielt an! Wien und Österreich werden im Zentrum der Völkerverbindung stehen, angesehen und geschätzt.

Auch das materielle Ergebnis war günstig. Geradeso wie bei der Haydn-Zentenarfeier blieb auch da ein Überschuß: 1909 wurde er für Stipendien verwendet, 1927 für Akte der Wohltätigkeit (verarmte Nachkommen des Neffen Beethovens), für öffentliche Zwecke, ein Großteil wurde den Spendern der Subventionen zurückerstattet (1909 Kassier C. A. Artaria, 1927 Bodenkreditanstalt).

Von meinen Memoranden über Wiener Musikfeste ließ ich nicht ab. Amerikanische Freunde konnten nicht begreifen, warum unsere Stadt nicht an der Spitze aller Feststädte sein sollte. Sie gaben Ratschläge, die ich in ein Aktenstück aufnahm, das ich 1930 dem Bundespräsidenten, dem Bundeskanzler, dem Unterrichtsminister vorlegte, mit dem Leiter der Bundestheaterverwaltung auch bei einer von ihm einberufenen Konferenz erörterte. 1931 folgte ein Nachschub „Wiener Musik- und Theaterfeste". Manches wurde verwertet, in Wien und in Salzburg. In dieser Stadt war 1890 ein

Projekt zur Errichtung eines „Mozartfestspielhauses auf dem Mönchsberg" lanciert worden. Ich trat in der „Bohemia" (Nr. 186, 9. Juli) dafür ein. Das Aktionskomitee wollte sich auf die Aufführung von Opern von Mozart, Weber und Beethoven beschränken. Ich schlug die Erweiterung dieses Programms vor, alle Kunstgattungen sollten aufgenommen werden. Es dauerte lange, bis Salzburger Musikfeste verwirklicht wurden. Das Festspielhaus wurde am Fuß des Mönchsberges in bescheidener Weise erbaut und erfreut sich heute großer Beliebtheit. Die Wiener und Salzburger Musikfeste erstrecken sich heute auf Frühjahrs- und Sommermonate. Ich hätte manche Wünsche vorzubringen. Aber hier ist nicht die hiezu geeignete Stelle.

Im Herbst 1903 hatte ich einem Heidelberger Musikfest beigewohnt, das von dem Universitätsmusikdirektor Philipp Wolfrum veranstaltet wurde, mit dem Versuche, wie im Bayreuther Theater so auch bei Konzertaufführungen das Orchester dem Anblick der Zuhörer zu entziehen, in der Erwartung, daß dadurch die Wirkung verstärkt werden könnte. Richard Strauß sagte mir, man müsse das Publikum zwingen, die Augen zu schließen. Allein das kann jeder Hörer für sich besorgen. Die Konzertprogramme waren mannigfaltig: Liszt (Dante), Wagner (Parsifalvorspiel), Schillings („Hexenlied" von Wildenbruch), Bruckner (Neunte), Strauß („Taillefer", Ballade von Uhland, die Ehrendoktorarbeit des Komponisten), Lieder von Schubert und Hugo Wolf, Mahler (Dritte Symphonie) u. a. Bei der Aufführung von Haydns „Schöpfung" waren Solisten und Chor sichtbar. Es war eine Freude, diesen aus allen Ständen gebildeten Volkschor, in dem auch Arbeiter und Arbeiterinnen waren, zu sehen. Ich schrieb darüber in der „Neuen Freien Presse" und wies die Zwecklosigkeit des optischen Versuches der Unsichtbarmachung nach. In der Tat, er hat keine Nachfolge gefunden. Nicht einmal die Zusammenstellung des Podiums aus kleinen Podien, von denen jedes hoch oder tief gestellt werden kann (mittels eines Apparates, den der Dirigent von seinem Platz aus dirigiert), fand Nachahmung. Was würden die Virtuosendirigenten unserer Zeit sagen, wenn man sie den Augen der Hörer entziehen würde! Und gar die Hörer und die Zuschauerinnen! In unseren Opernhäusern wurde der Bayreuther „mystische Abgrund" nicht imitiert; eine leichte Tieferlegung des Orchesterbodens genügt vollkommen.

Eines Musikfestes, bei dem ich anwesend war, will ich noch gedenken: Amsterdam (Mai 1920) zu Ehren von Gustav Mahler und der fünfundzwanzigjährigen Direktionstätigkeit von Willem Mengelberg. Zum ersten Male konnte das Gesamtwerk Mahlers in lebendiger Wirkung erfaßt werden — in mustergültiger Aufführung: 843 Mitwirkende, 155 Instrumentalisten und 688 Vokalisten (darunter 122 Knaben), neben erstklassigen Solisten waren auf das Gesamtprogramm verteilt. So etwas Mustergültiges konnte nur geboten werden nach jahrelangen Vorbereitungen des künstlerischen Leiters des Vereines „Concertgebouw". Der Enthusiasmus der Mitwirkenden, die Hingabe des Dirigenten teilte sich den andächtigen Zuhörern mit. Im neutralen Holland begegneten sich Gäste aus allen musikalischen Kulturländern — in einer Kunstgemeinde. Von Rudolf Mengelberg, dem Vetter Willem Mengelbergs, war eine willkommene Einführung verfaßt. In einzelnen Familien der besten Amsterdamer Gesellschaft wurden einzelne auswärtige geladene Gäste auf das vornehmste und freundlichste bewirtet, geradeso wie in Basel. Im ganzen bleibt dieses Mahlerfest ein historisches Ereignis von künstlerischer, gesellschaftlicher und internationaler Bedeutung. Es gehört zu den erhebendsten Erinnerungen meines Lebens. Auch die altehrwürdige „Maatschappij tot bevordering van Toonkunst", die ihre gesegnete Tätigkeit über ganz Holland erstreckt, nahm wieder ihre Musikfeste auf — und so kam ich noch einmal nach Amsterdam über Einladung der Stadt zu meinen lieben Freunden und genoß die künstlerischen Darbietungen, unter denen moderne holländische Werke und altniederländische Musik für den Fremden von besonderem Interesse waren.

Ich darf die Beschreibung meiner Reisen und Kunstexkursionen nicht zu sehr ausdehnen, zumal da mir die Gabe poetischer Schilderung fehlt und ich nicht in den Ton eines Berichterstatters fallen will. Über „Berichterstattung" werde ich noch sprechen.

Als Anhang zu meinen Reiseberichten sei es gestattet zu erwähnen, daß ich verschiedenen Einladungen, Vorträge und Kurse auswärts zu halten, nicht Folge leisten konnte, besonders solchen, die mir in meinem höheren Alter überbracht wurden, so von der Library of Congress in Washington (Herbert Putnam und Carl Engel) zur Abhaltung eines Kurses über „Stilkritik" für Lehrer an amerikanischen Hochschulen, ferner von Rabindranath Tagore in seinem indischen Institut über „Musikkultur".

Kann und soll ich die Fahrt zu meinem Sohn in die Etappe, wo er sich zur Retablierung befand, als Reise ansehen? Er war nicht als Mediziner, sondern als Kombattant eingerückt, wie es sein Wille war. Die schwere Sorge der Eltern begleitete ihn — sie war behoben, als er nach vierjährigem Kriegsdienste belobt heimkehrte.

VII.

Mitten in die letzten Vorbereitungen zur Beethoven-Zentenarfeier fielen die Beratungen über meine Nachfolgerschaft an der Wiener Lehrkanzel. Ich stand im 72. Lebensjahr und absolvierte mein Ehrenjahr. Der Betrieb in meinem Institut ging ungestört vor sich — es wurde fleißig gearbeitet und ich leitete auch die Übungen. Ich bin gewohnt, strenges Amtsgeheimnis zu wahren. Mit Gründlichkeit und peinlicher Gewissenhaftigkeit erwog ich die von mir zu erstattenden Vorschläge. Die Sorge um das von mir begründete und durch fast 30 Jahre geführte Musikhistorische Institut lag mir schwer am Herzen. Ich beriet mich mit zwei Fachkollegen des Auslandes, ehrenwerten Männern, die ich um ihre Ansichten über meine Absichten ersuchte, um freundschaftlichen Rat. In erster Linie kam natürlich ein Vollrepräsentant der Musikgeschichte in Betracht. Die „vergleichende Musikwissenschaft" konnte nicht als vollberechtigtes Wissensgebiet gelten. An erster Stelle stand für mich Hermann Abert, Ordinarius in Berlin. Er hatte durch die Umarbeitung von Jahns „Mozart" eine Leistung geboten, die auch von tiefem Eindringen in die österreichische Musikgeschichte Zeugnis ablegte. Er war in diesen Jahren der universellste aller Musikforscher. Von gleicher Leistungskraft war der Berner Professor Ernst Kurth, der in meinem Institut ausgebildet war. Allein er hatte nicht Lust, seine ruhige Wirkungsstätte zu verlassen; über ein halbes Dutzend große Universitäten verschiedener Länder bemühten sich um ihn. Ich mußte ihn in meinem Vorschlage erwähnen und besprechen, konnte ihn aber nicht vorschlagen. Aber es waren junge Kräfte vorhanden, die ich nacheinander reihen konnte: an zweiter und dritter Stelle je zwei. An Hermann Abert und Friedrich Ludwig (Ordinarius in Göttingen, auch Rektor, gest. 3. Oktober 1930) hatte ich mich gewendet, um ihre Meinungen zu hören. Ihre Antworten beziehen sich auf Namen, die ich ihnen genannt habe, und einige andere, die sie selbst in Erwägung zogen. Ich will noch erwähnen, daß die nach Abert an zweiter Stelle von mir genannten Ficker und Fischer jetzt Professoren in München, respektive Innsbruck sind. Ficker war in Innsbruck habilitiert, dann daselbst Professor und auch in Wien einige Zeit nach meinem Vorschlag tätig. Die an dritter Stelle genannten Haas und Orel erhielten den Titel eines Professors. Ficker wurde auch in Prag an Stelle des heimgegangenen Rietsch vorgeschlagen. Egon Wellesz, den ich als Menschen und Forscher schätze, als gemäßigt modernen Komponisten anerkenne, erwirbt sich in den letzten Jahren besondere Verdienste um die Erforschung des byzantinischen Kirchengesanges; er war in meinen Vorschlag nicht einbezogen, nur im Referat besprochen worden. Das letztere war auch bei dem mir persönlich nahestehenden Prager Paul Nettl der Fall.

Mit der Erstattung von Vorschlägen war meine Aufgabe beendigt. Der Rest ist Schweigen! Ich breche ab mit den Worten Schillers, des idealen Sehers:

„Freunde, bedenket euch wohl, die tiefere, kühnere Wahrheit
Laut zu sagen; sogleich stellt man sie euch auf den Kopf!"

Der akademische Lehrer hat als Mitglied des Kollegiums an den Beratungen in allen Fakultätsangelegenheiten teilzunehmen. Ich beschränkte mich auf die mein Fach betreffenden und griff nur ganz ausnahmsweise in die Debatten über andere Fragen ein. Für die Zulassung von Frauen zum akademischen Studium und die sich daran knüpfenden Folgerungen war ich ein eifriger Vorkämpfer. Für die Berufung von Alexius Meinong trat ich mit vollster Überzeugung ein — das erste Mal vergeblich, das zweite Mal mit Erfolg, allein er folgte dann nicht mehr der Berufung. Für August Sauer legte ich einen motivierten Antrag vor — ohne Erfolg. Bei den Habilitationen in meinem Fach wirkte ich mit strengster Gewissenhaftigkeit und die Folgen zeigten sich, wie wir gesehen haben, in vortrefflicher Weise. Zu den Habilitierungen in Innsbruck, Krakau,

Lemberg wurde ich durch das Unterrichtsministerium persönlich delegiert, durch private Anfragen wurde ich in Heidelberg und Bern herangezogen. Meine Schule verbreitete sich nicht durch meine Empfehlungen, sondern kraft der Tüchtigkeit der Forscher. Nie habe ich den Protektor gespielt, sondern waltete in strengster Sachlichkeit und Objektivität. Dies gilt auch von meinen Gutachten und erbetenen Empfehlungen. Seitenlang könnte ich diese anführen — ich werde mich wohl hüten. Wie erfreulich ist es, Würdige und Berufene zu fördern! Meine Liste umfaßt nicht nur Wissenschaftler, sondern in überwiegender Zahl praktische Musiker: Komponisten und Ausübende, Lehrer, Kritiker, auch Librettisten, die ihre Komponisten suchen. Die Anliegen von Schaffenden um Empfehlungen an Verleger sind nach zwei Seiten verantwortlich: die verführerische Aufmunterung des Notenschreibers und die Rücksicht auf den Geldbeutel des Verlegers. Mit Überzeugung bin ich für die Veröffentlichung der Werke von Komponisten eingetreten, die heute Weltruf genießen. Einige Fälle sind bekannt. Innerlich befriedigt nur das Eintreten für wirklich Berufene auf den genannten Gebieten.

Am schwierigsten ist das Amt bei den Jurys, unter deren Mitgliedern man nicht selten Voreingenommene (positiv oder negativ) findet. Ich nahm nur Einladungen zum Beitritt in Kommissionen an, die über Kompositionen zu entscheiden hatten. Nicht immer stimmte das Resultat mit meiner Stellungnahme überein. Mein Maßstab war nicht die Richtung des Komponisten, sondern der innere Wert des Werkes. Begabung und technische Beherrschung sind für mich die Gradmesser. Nicht die Absicht des Schaffenden, sondern die positive Leistung sollen das Entscheidende sein.

Mit Entschiedenheit trat ich für Erhaltung von Kunstinstituten ein, deren Existenz gefährdet war. Ich will nur einen Fall anführen, der mir besonders am Herzen lag: Hofkapelle und St.-Stephansdom-Kapelle standen zeitweise in künstlerischem Austausch. Als 1921 Besorgnisse auftauchten, daß unsere Hofmusikkapelle aufgelöst werden könnte, wandte sich eine Deputation derselben unter

Führung von Karl Luze an mich, die Erhaltung zu fördern und die von den Mitgliedern der Hofkapelle zu unternehmenden Schritte zu unterstützen. Ich verfaßte folgendes Aktenstück:

„Das altehrwürdige Institut der Hofmusikkapelle besteht seit dem 15. Jahrhundert und dürfte noch weiter zurückreichen. Es hat im Laufe der Jahrhunderte einen ersten Platz in der Geschichte der Musik eingenommen und bis auf den heutigen Tag behauptet. Führende Komponisten waren ihre Leiter und schrieben für sie eine Reihe großer und vollendeter Meisterwerke. Die Ausführung erhielt sich auf einer Höhe wie bei wenigen anderen kirchlichen Kunstinstituten des Kontinents. Sowohl vom historischen Standpunkt als auch vom Gesichtspunkt der Befriedigung hoher künstlerischer Interessen der Zukunft ist die Erhaltung dieses Institutes ein dringendes Gebot. Die Hofkapelle ist ein wertvoller Teil des musikalischen Kulturlebens unserer Stadt und darüber hinaus der ganzen Kulturwelt. Im Sängerknabenkonvikt hat die Hofkapelle eine ständige Bezugsquelle für die hohen Solo- und Chorstimmen. Auch noch andere Gesichtspunkte bestimmen mich, für die Erhaltung einzutreten: die Aufführung von Werken aus der unvergleichlich reichen Geschichte der katholischen Kirchenmusik in Wien, in Österreich, wird besonders in der Hofkapelle ermöglicht. Die Geschichte zeigt, daß der größte, unvergleichliche Schatz der Produktion Österreichs in seiner Tonkunst zu finden ist und von allen österreichischen Kulturerzeugnissen werden sich sicherlich die musikalischen in die fernsten Zeiten erhalten, vergleichbar den Werken der antiken Plastik. Die letzteren brauchen nur angesehen zu werden, die Musikwerke sollen, um richtig erschaut und erlebt zu werden, lebendig erhalten bleiben — wenigstens in ihren Haupterscheinungen. Mit Liebe pflegt die Hofkapelle die Werke der klassischen Wiener Schule und es kann Vorsorge getroffen werden, daß die verschiedenen Stiletappen der österreichischen kirchlichen Kunst in gleiche Rücksicht gezogen werden. Nie hat die Hofkapelle die zeitgenössische Kunst außer acht gelassen, gerade darin bestand einer ihrer Hauptvorzüge. Somit gestatte ich mir, die Erhaltung der Wiener Hofkapelle auf das dringlichste zu empfehlen, und ersuche, die Durchführung solcher löblichen Absicht auf das eifrigste zu verfolgen."

Über Ersuchen des Vorstandes der israelitischen Kultusgemeinde nahm ich mich ihres Chores (Männer und Knaben) im „Alten Tempel" an und gab wiederholt Ratschläge bei Anstellung von Chormeistern, Aufstellung und Haltung des Chores, der von Salomon Sulzer zu einem Musterinstitut erhoben worden war. Zu seinem „Schir Zion" hat Franz Schubert eine Komposition gewidmet (92. Psalm für Soli und Chor). In dieser Ritualsammlung vollzog sich eine Vereinigung uralter Weisen — besonders im Lektionston, der, wie ein führender Forscher der christlichen Musikarchäologie sagt, die Basis des Gregorianischen Gesanges ist („la substruction de la psalmodie est le fondement du chant liturgique") — mit kunstmäßig geführter Mehrstimmigkeit (A-cappella-Gesang ohne Orgel, die nur bei Trauungen verwendet wird). Auch sonst trat ich in Beziehungen zu Wiener Kirchenchören — seit meinem Umgang mit Josef Böhm bis auf unsere Tage. Wir besitzen eine Reihe vorzüglicher Kirchenmusikinstitute, deren Vervollkommnung durch die neugegründete staatliche Kirchenmusikakademie wesentlich gefördert wird.

Zu den freudigen Vorkommnissen meines Lebens gehört folgendes: R. C. Casimiri ließ mir von der von ihm geleiteten Kapelle in Rom aus alten Codices (16. Jahrhundert) Gesänge von Meistern dieser Zeit vorsingen. Ich staunte über die durch Jahrhunderte bewahrte Übung und Beherrschung der Mensuralnotation. Die Stimmen sind in diesen Vorlagen nicht partiturmäßig, sondern auf je zwei Seiten neben- und übereinander geschrieben. In Berlin und Leipzig hatte ich die Ehre, von Hertzberg (Domchor) und Riedel (Riedelchor) zu Proben zugezogen zu werden, um die Art ihres Studiums kennenzulernen. Ich bewunderte die Sorgfalt und Exaktheit — im gebotenen Fall korrepetierten die Leiter mit je einer Stimme des Chores. Sie hörten genau, welche vorgenommen werden müsse. In Schwerin zeigte mir Otto Kade seine Übung mit dem Knabenchor — zu einem Cantus firmus wurde eine Gegenstimme improvisiert, Lehrer und Schüler wechselten im Vortrag.

An Exaktheit ist der Chor der Mailänder Scala kaum zu überbieten: sowohl im musikalischen Vortrag als in der Bewegung auf der Bühne. Jahrelang benützte ich einen Teil der Frühlingsferien zum Besuch Italiens. Vom Gardasee besuchte ich den in Mailand ansässigen Teil meiner Familie und also auch die Scala. Eines Abends führte mich Freund Cesari (Kollege an der Universität) in einem Zwischenakt zu Toscanini, der meine Bekanntschaft machen wollte. Cesari sagte: „Sie müssen sich gefaßt machen, daß der Meister sehr zurückhaltend und schweigsam ist." Wie erstaunt war er, als Toscanini die ganze, sehr lange Zwischenpause sich mit mir angeregt und lebhaft unterhielt und mir dann sagte: „Sie müssen den nächsten Akt auf der Bühne bleiben, damit Sie sich auch von der Exaktheit der Bewegung der Choristen überzeugen" (jedem Mitglied ist der Standort genau vorgezeichnet, am Fußboden markiert). Überhaupt ist dieses Institut eine Musteranstalt. Und doch steht mir die Wiener Staatsoper noch näher — nicht nur aus Lokalpatriotismus oder wegen der Einschätzung des unvergleichlichen Orchesters (von amerikanischen kenne ich nur eines) und des prachtvollen Chores. Beide Institute verfügen über erste Kräfte und jede Aufführung hängt mehr oder weniger von dem Dirigenten ab. In der „Scala" gibt es ein italienisches Fluidum in Tempo und Akzent, welches von dem unsrigen verschieden ist. Unbegrenzt ist meine Verehrung für Toscanini und doch stehen mir in der deutschen Oper die Wiener Hans Richter, Felix von Weingartner, Franz Schalk, Bruno Walter, Clemens Krauß und andere näher, um von Gustav Mahler gar nicht zu sprechen. „Barbiere di Sevilla", „Trovatore", „Aida", „Falstaff" (ich kann natürlich nicht die ganze betreffende Opernliteratur anführen) höre und sehe ich dagegen noch lieber in der „Scala", so trefflich, so ausgezeichnet auch unsere Aufführungen sein mögen.

Es ist also nicht verwunderlich, daß ich in Bewunderung (nicht in Affenliebe) unserer Staatsoper, so oft in den Nachkriegszeiten von einer Schmälerung die Rede war, mit allen mir zu Gebote stehenden Mitteln mündlicher Besprechung und schriftlicher Eingaben für die volle Erhaltung dieses Kronjuwels eintrat: aus künstlerischen, patriotischen und wirtschaftlichen Gründen. Es gibt Güter, die gleichsam unschätzbar sind — reelle und (ich unterstreiche) i d e e l l e. Sollte eine oder die andere Intervention von Einfluß gewesen sein, dann wäre dies der herrlichste Lohn meiner Bemühungen.

Im Festsaal der Hofburg bot ich kleine Konzertfeste für meine akademischen Kollegen und Kommilitonen: es war in der Nachkriegszeit, da die Geldebbe und Geldentwertung den Genannten künstlerische Genüsse fast unmöglich machten. In der Tat, es wurde Bestes geboten. Erste Künstler des In- und Auslandes folgten meiner Einladung unter vornehmem Verzicht auf ein Honorar. Auch Richard Strauß wirkte mit und begleitete Elisabeth Schumann beim Vortrag seiner Lieder, die ein Konzert ausfüllten.

Bei diesen Veranstaltungen überkam mich eine Versuchung, der ich sonst beharrlich Widerstand leistete: Zeitungsreferate zu schreiben. Ich hätte diesmal gern meiner Dankbarkeit für die mitwirkenden Künstler Ausdruck verliehen. Allein besser, daß ich es nicht tat: Ich hätte in einen Fehler der Tageskritik, in Voreingenommenheit verfallen können. Zweimal wurde mir von angesehenen Journalen der Antrag gestellt, in ihrer Redaktion ein ständiges Musikreferat zu übernehmen. In meiner Jugend war mir die Ablehnung nicht leicht — ich zog aber meine private Unterrichtstätigkeit als Einnahmequelle vor. In reifen Jahren fiel es mir nicht schwer, dem Lockruf eines ständigen Referates zu widerstehen. Ich hatte eine innere Abneigung: die Objektivität des Wissenschaftlers verträgt sich nicht mit der unvermeidlichen Subjektivität des Tagesschreibers. Ich schätze das kritische Amt nicht geringer als jede ernste Ausübung eines Berufes und will hier nicht von den Leistungen berufener Musikschriftsteller sprechen, unter denen sich ansehnliche Fachmänner finden. Die Geschichte zeigt uns manche Erscheinung, die mit Sachkenntnis und Gewissenhaftigkeit das Amt verwaltete — seit dem 18. Jahrhundert. Wir kennen die abfälligen Urteile über Kritik von Goethe, Schiller, Grillparzer, Hebbel, Fichte, Schopenhauer, Nietzsche usw. Auch Hanslick machte sich gelegentlich über Musikreporter lustig: „Wenn einer unfähig ist, über Feuerspritzen zu schreiben, wird er vom Chef zur Musik versetzt." Das hat sich entschieden zum Besseren gewendet. Gerade seit dem Eintritt von Hanslick und Ambros in die Kritikerarena ist das Niveau in den politischen Tageszeitungen gestiegen und die erstarkende Musikwissenschaft stärkte manchen Jungmann. Aber auch diese ist kein unfehlbares Schutzmittel. Der gute Schelle („Die Presse") versuchte sich in wissenschaftlichen Untersuchungen, aber vielleicht hatte Josef Hellmesberger, der gottbegnadete Musiker, recht, als er beim Anblick des nach einer Generalprobe aus dem Musikvereinssaal gravitätisch herausschreitenden Kritikus die Bemerkung machte: „Was gäb' der drum, wann er wüßt', wie's ihm g'fallen hat." Fehlurteile der angesehensten Schreiber über Werke erster Ordnung nach der Erstaufführung sind uns genügend bekannt. Das Unglück ist nicht die Negation, sondern die Blamage. Auch sorgfältige Vorbereitung schützt nicht immer vor Fehlurteilen, besonders bei Generalproben der Oper. Der gute Mann bildet sich aus der Lektüre des Klavierauszuges ein „Urteil", das er zu Papier bringt (beim Partiturlesen ist die Gefahr der Mißdeutung noch größer — besonders in der modernen Musik). Wenn dann die Erstaufführung einen Erfolg bringt, läßt er in seinem Feuilleton (oder Artikel) seinem Entwurf einen Nachtrag folgen, in dem er die Aufführung lobt. Das Vaterland ist gerettet, der Schaffende in den Winkel gestellt. Manche stellen mit Emsigkeit Stellen aus der Literatur (einigen Büchern) zusammen, die die „Richtung" betreffen. Da wird ein pseudogelehrtes Gericht vorgelegt. Am meisten bedaure ich Künstler (oder die es zu sein wähnen), die Kritiken schreiben. Sie folgen ihrem inneren Triebe und vertreiben jede Objektivität. Natürlich gibt es Ausnahmen, wie Robert Schumann, der aber fast nur in Musikzeitungen schrieb, und der komponierende E. T. A. Hoffmann. Auch Richard Wagner ist in seinen kritischen Urteilen von Voreingenommenheit nicht freizusprechen. Allein er hatte gewissermaßen ein Scheinrecht dazu: er war erfüllt von seinem Genius, den er in langem Kampfe zur Geltung bringen wollte und ... brachte. Anders steht es (siehe oben) mit seinen politischen und sozialen Behauptungen und Eingriffen. Auch zum kritischen Berufe ist spezifische Begabung notwendig. Über diesen ist in der letzten Zeit eine kleine Literatur entstanden, die mit Sachkenntnis die Bedingungen untersucht — in fast allen Kulturstaaten. Besonders anerkennenswert ist Hermann Springers Versuch der Aufdeckung der „Normen und Fehlerquellen der Musikkritik".

Die Übertragung journalistischer Erwägungen in die biographische Literatur übt einen zersetzenden Einfluß, findet aber einen reichen Markt. Es ist dies ein Seitenstück zu den Bühnenstücken (Singspielen, Operetten), die einen Komponisten in den Mittelpunkt stellen — eine Parallelerscheinung zu Filmstücken, die ich nicht aus eigener Beobachtung kenne. Jedenfalls bringen die lieben jungen Leute, die musikhistorische Ausbildung haben, einen Zug der Gesundung durch ihre Bestrebungen in die Musikkritik, um so anerkennenswerter, weil heute der Lebenskampf so furchtbar schwer ist. Sie verbinden sich (ohne Vertrag!) mit anderen Repräsentanten der Berichterstattung besonders in kleinen Essays und Nekrologen. Auch ich habe mich, wenn auch selten, in dieser Beziehung versucht in Aufsätzen, die ich gelegentlich über wichtige musikalische Kulturvorgänge und -fragen, über Kongresse und Reisen in politischen Zeitungen veröffentlichte, womit ich nicht in überheblicher Weise diese als Muster hinstellen will.

Damit bin ich zu der oben angestellten Besprechung der Anfänge meiner wissenschaftlichen Tätigkeit zurückgekehrt. Sie waren auf Systematik der historischen Erscheinungen und auf Untersuchungen über die Keime der Mehrstimmigkeit gerichtet. Mein primäres musikalisches Empfinden war in der österreichischen Volksmusik verankert und so drang ich von diesem Kernpunkt aus in die Untersuchung über Entstehung der Mehrstimmigkeit ein. Ich will nicht früher Gesagtes wiederholen. Meine Hauptarbeit war auf die Aufdeckung der Geschichte der österreichischen Musik eingestellt. Man macht mir in der letzten Zeit den Vorwurf, daß ich die Bedeutung der Wiener klassischen Schule überschätzt hätte. Ich überlasse diese Behauptung ruhig dem Urteil der Geschichte. Die Beziehungen der österreichischen Tonkunst zu der Musikkultur der europäischen Nationen suchte ich in das richtige Licht zu stellen und die Verbundenheit aufzudecken. Dies war schon die notwendige Folge meiner Auffassung des Gesamtorganismus der Tonkunst, der das ganze Musikleben und -schaffen umfaßt. Ich sehe, daß ich zum Bekenntnis zurückgekehrt bin, das an der Spitze meiner Erzählung steht. Stimmt mein Vorhaben in Wissenschaft und Leben mit der Ausführung überein? Decken sich Wollen und Wirken? Sind Sollen und Können kongruent? Je älter ich werde, desto kleiner komme ich mir vor. Den hohen idealen Absichten der Jugend kann die Wirklichkeit nicht immer vollauf entsprechen. Mein höchster Wunsch ist, daß meine Schüler das Werk fortsetzen, in freier Entfaltung, und daß sie sich mit Gleichgesinnten zu einer edlen Gemeinschaft erheben, im hehrsten Dienste, in unentwegtem Dienen.

www.ingramcontent.com/pod-product-compliance
Lightning Source LLC
Chambersburg PA
CBHW021713230426
43668CB00008B/820